РЕКОМЕНДУЕТ

+DA/plusDA Publishers
www.plusDA.com +DA

ТИРАЖ10

ОДОБРЕНО
МИНИСТЕРСТВОМ
ОБРАЗОВАНИЯ

УЧЕБНОЕ
ПОСОБИЕ

РАСУЛЬ ЯГУДИН

РУССКИЙ ЯЗЫК ЯЗЫК

HANDBOOK OF RUSSIAN LANGUAGE

СПРАВОЧНИК

ГРАММАТИКА

ОРФОГРАФИЯ

ПУНКТУАЦИЯ

+DA
+DA / plusDA Publishers
www.plusDA.com

Предлагаемое пособие имеет характер лингвистического справочника и содержит в себе всю информацию по грамматике, орфографии и пунктуации русского языка в пределах школьной программы. Справочник предназначен для широкого круга читателей.

Составитель –
кандидат филологических наук,
учитель русского языка и литературы
ЯГУДИН Р. М.

Рецензент –
доктор педагогических наук,
профессор, зав. кафедрой русского языка
и методики его преподавания
Башкирского государственного университета
САЯХОВА Л. Г.

ISBN-10 0-98284-049-7
ISBN-13 978-0-98-284049-8

Издатель: plusDA Publishers, New York
Арт-директор, обложка и титул — А. Верный
Компьютерный набор и верстка — Юлдаш Алтямов

Address: plusDA Publishers, PO Box 1183, LIC, NY 11101, USA

СОДЕРЖАНИЕ

РУССКИЙ ЯЗЫК
ЯЗЫК

СОДЕРЖАНИЕ

ФОНЕТИКА. ГРАФИКА. ОРФОГРАФИЯ

ЛЕКСИКА И ФРАЗЕОЛОГИЯ

СЛОВООБРАЗОВАНИЕ И ОРФОГРАФИЯ

МОРФОЛОГИЯ И ОРФОГРАФИЯ

ИМЯ СУЩЕСТВИТЕЛЬНОЕ

ИМЯ ПРИЛАГАТЕЛЬНОЕ

ГЛАГОЛ

ИМЯ ЧИСЛИТЕЛЬНОЕ

МЕСТОИМЕНИЕ

ПРИЧАСТИЕ

ДЕЕПРИЧАСТИЕ

НАРЕЧИЕ

КАТЕГОРИЯ СОСТОЯНИЯ

СЛУЖЕБНЫЕ ЧАСТИ РЕЧИ
ПРЕДЛОГ

СОЮЗ

ЧАСТИЦА

МЕЖДОМЕТИЕ

СИНТАКСИС И ПУНКТУАЦИЯ

СЛОВОСОЧЕТАНИЕ

ПРЕДЛОЖЕНИЕ

ПРОСТОЕ ПРЕДЛОЖЕНИЕ

СЛОЖНОЕ ПРЕДЛОЖЕНИЕ

ДОПОЛНИТЕЛЬНАЯ ИНФОРМАЦИЯ

ОБЩИЕ СВЕДЕНИЯ О ЯЗЫКЕ

ОБОБЩАЮЩИЕ ТАБЛИЦЫ ПО РУССКОМУ ЯЗЫКУ

ПРИЛОЖЕНИЯ

ПРОВЕРЬ СЕБЯ

РАСУЛЬ ЯГУДИН

РУССКИЙ ЯЗЫК

ЯЗЫК

ФОНЕТИКА. ГРАФИКА. ОРФОГРАФИЯ

Фонетика – раздел науки о языке, в котором изучаются звуки речи.

Способы обозначения звуков речи на письме изучает **графика**.

Орфоэпия – наука о правильном произношении слов.

Орфография – раздел науки о языке, в котором изучаются правила написания слов.

1. ГЛАСНЫЕ ЗВУКИ

При разговоре носитель языка произносит звуки, называемые **звуками речи**. Звуки речи делятся на **гласные** и **согласные**.

Гласные звуки [а], [о], [и], [ы], [э], [у] состоят только из голоса.

При образовании гласных звуков выдыхаемый воздух проходит через рот свободно.

Звуки указываются в квадратных скобках, чтобы мы отличали их от обозначающих их букв.

2. СОГЛАСНЫЕ ЗВУКИ

В каждом согласном звуке есть шум.

При образовании согласных звуков выдыхаемый воздух встречает в полости рта различные препятствия. Струя воздуха преодолевает эти препятствия, создавая таким образом шум.

3. СОГЛАСНЫЕ ЗВОНКИЕ И ГЛУХИЕ

Глухие согласные звуки целиком состоят из шума. В образовании звонких согласных участвует голос, они состоят из шума и голоса.

Большинство звонких и глухих согласных образуют пары:

$$
\begin{bmatrix}
\text{бб'} & \text{вв'} & \text{гг'} & \text{дд'} & \text{ж} & \text{зз'} \\
\text{пп'} & \text{фф'} & \text{кк'} & \text{тт'} & \text{ш} & \text{сс'}
\end{bmatrix}
$$

Не имеют парных звуков глухие согласные [х], [х'], [ц], [ч'], [щ'], сонорные согласные [й'], [л], [л'], [м], [м'], [н], [н'], [р], [р'].

4. СОГЛАСНЫЕ ТВЕРДЫЕ И МЯГКИЕ

Большинство твердых и мягких согласных образуют пары:

$$
\begin{bmatrix}
\text{б} & \text{в} & \text{г} & \text{д} & \text{з} & \text{к} & \text{л} & \text{м} & \text{н} & \text{п} & \text{р} & \text{с} & \text{т} & \text{ф} & \text{х} \\
\text{б'} & \text{в'} & \text{г'} & \text{д'} & \text{з'} & \text{к'} & \text{л'} & \text{м'} & \text{н'} & \text{п'} & \text{р'} & \text{с'} & \text{т'} & \text{ф'} & \text{х'}
\end{bmatrix}
$$

Не имеют парных звуков твердые согласные [ж], [ш], [ц] и мягкие согласные [ч'], [щ'], [й'].

5. АЛФАВИТ

В устной речи мы имеем дело со звуками в словах, а в письменной – с буквами, которыми обозначаются эти звуки.

Буквы бывают печатными и рукописными; большими (заглавными, прописными) и маленькими (строчными).

Буквы, расположенные в определенном, обязательном для всех порядке, составляют **алфавит** (или **азбуку**). По алфавиту размещают слова в словарях и справочниках, составляют различные списки. В алфавитном порядке расположены, например, слова в орфографическом словаре, фамилии жителей в телефонном справочнике, фамилии авторов в библиотечной картотеке.

А	Б	В	Г	Д	Е	Ё	Ж	З	И	Й	К
а	*бэ*	*вэ*	*гэ*	*дэ*	*е*	*ё*	*жэ*	*зэ*	*и*	*й*	*ка*
Л	М	Н	О	П	Р	С	Т	У	Ф	Х	Ц
эль	*эм*	*эн*	*о*	*пэ*	*эр*	*эс*	*тэ*	*у*	*эф*	*ха*	*цэ*
Ч	Ш	Щ	Ъ	Ы	Ь	Э	Ю	Я			
че	*ша*	*ща*	*твердый знак*	*ы*	*мягкий знак*	*э*	*ю*	*я*			

В русском алфавите 33 буквы: 10 гласных, 21 согласная и две буквы – ъ и ь, – которые не обозначают звуков.

Слова "алфавит" и "азбука" обозначают одно и то же.

Слово "алфавит" составлено из названий первых двух букв греческого алфавита: "альфа" и "вита".

Взятые вместе (в несколько измененном виде), они и образуют слово "алфавит".

Русское слово "азбука" составлено из названий первых двух букв русского алфавита. Его первая буква в старину называлась "аз", вторая ("бэ") – "буки". Из этих названий и образовалось слово "азбука".

6. ОБОЗНАЧЕНИЕ ЗВОНКИХ И ГЛУХИХ СОГЛАСНЫХ НА ПИСЬМЕ

Звонкий согласный может заменяться парным ему глухим на конце слова или перед глухим согласным. Наоборот, глухой согласный может заменяться парным звонким перед звонким согласным.

Чтобы правильно написать слово с согласным в корне слова, нужно изменить слово или подобрать такое однокоренное слово, где после проверяемого согласного стоит гласный.

Дуб (дубы). Дорожка (дороженька).

7. ОБОЗНАЧЕНИЕ МЯГКОСТИ СОГЛАСНЫХ С ПОМОЩЬЮ МЯГКОГО ЗНАКА

Чтобы указать на мягкость согласного, который стоит перед другим согласным, мы пишем ь (как и на конце слова), например: *день, деньки.*

Однако в этих случаях ь пишется не всегда.

В словах *мощный, вечный* перед [н] стоят мягкие согласные звуки [щ'], [ч']. У этих мягких звуков нет парных твердых, от которых их надо отличать. Поэтому мягкость [щ'], [ч'] обозначать с помощью ь не нужно.

В словах *гонщик, кончать* перед [щ'], [ч'] стоит мягкий согласный [н'], у которого есть парный твёрдый. Но перед [щ'], [ч'], всегда бывает только мягкий [н']. Поэтому писать *ь* в сочетаниях *нщ, нч* для обозначения мягкости звука [н'] тоже не нужно.

В сочетаниях *ч, щ* с другими согласными буквами мягкий знак для обозначения мягкости не пишется.
Мощный (без *ь*), *хищник* (без *ь*), *кончать* (без *ь*).
Есть и другие случаи, когда мягкий знак между согласными для обозначения мягкости не пишется. О правописании таких слов надо справляться в орфографическом словаре.
Мостик (без *ь*), *гвозди* (без *ь*).

Мягкость [л'] перед согласным всегда обозначается мягким знаком.
Болельщик, вскользь, мельче.

8. ДВОЙНАЯ РОЛЬ БУКВ *Е, Ё, Ю, Я*

Буквы *е, ё, ю, я* в начале слова, после гласной и после разделительных *ъ* и *ь* обозначают по два звука — [й'э], [й'о], [й'у], [й'а].

Буквы *е, ё, ю, я* после согласной обозначают один гласный звук [э], [о], [у], [а] и мягкость предыдущего согласного.

7

9. СЛОГ, УДАРЕНИЕ

С л о г – часть слова, произносимая одним толчком выдыхаемого воздуха. В слове столько слогов, сколько в нем гласных букв: *бо-ро-да, а-ка-ци-я.* По числу слогов слова разделяются на о д н о с л о ж н ы е *(я, ты, стол)*, д в у с л о ж н ы е *(у-ра, во-ля)* и м н о г о - с л о ж н ы е *(у-че-ни-ки, рас-пре-де-ле-ни-е).*

Один из слогов в слове всегда произносится с большей силой. Выделение слога в слове посредством большей силы голоса называется ударением: *борода́, ака́ция.* Ударение в русском языке р а з н о м е - с т н о е – в разных словах оно падает на разные слоги.

10. ФОНЕТИЧЕСКИЙ РАЗБОР СЛОВА

П о р я д о к   р а з б о р а

1. Слоги, ударение.

2. Гласные звуки: ударные и безударные; какими буквами обозначены.

3. Согласные звуки: звонкие (в том числе сонорные) и глухие (парные и непарные), твердые и мягкие (парные и непарные), какими буквами обозначены.

4. Количество звуков и букв.

О б р а з е ц   р а з б о р а

Союз.

У с т н ы й   р а з б о р

В слове *союз* два слога, ударение падает на второй слог: *со-ю́з.*

Гласные звуки:

первый – безударный близкий к [а], обозначен буквой “о”; второй – ударный [у], обозначен буквой “ю”.

Согласные звуки:

[с] – глухой, твердый; обозначен буквой "эс";

[й'] – сонорный, мягкий; обозначен буквой "ю";

[с] – глухой, твердый; обозначен буквой "зэ".

В слове *союз* 5 звуков, 4 буквы.

Письменный разбор

со-ю́з

с – [с] – согласный, глухой, твердый

о – [а] – гласный, безударный

ю – [й'] – согласный, сонорный, мягкий

    [у] – гласный, ударный

з – [с] – согласный, глухой, твердый

4б. 5 зв.

11. БУКВЫ *И, У, А* ПОСЛЕ ШИПЯЩИХ

> После шипящих *ж, ч, ш, щ* не пишутся *ы, ю, я,* а пишутся *и, у, а.*
>
> *Жизнь, чудо, ширь, площадь.*
>
> **Исключения:** *брошюра, жюри, парашют.*
> *Брошюра* [искл.].

ЛЕКСИКА И ФРАЗЕОЛОГИЯ

Л е к с и к о л о г и я – это раздел науки о языке, изучающий лексические значения и употребление слов.

Ф р а з е о л о г и я – это раздел науки о языке, изучающий лексические значения и употребление фразеологизмов.

12. СЛОВО И ЕГО ЛЕКСИЧЕСКОЕ ЗНАЧЕНИЕ

Все слова языка образуют его с л о в а р н ы й с о с т а в или л е к с и к у.

Слова в языке служат для обозначения предметов, действий, признаков, количеств. То, что обозначает слово, является его л е к с и ч е с к и м з н а ч е н и - е м. Лексические значения слов разъясняются в т о л к о в ы х с л о в а р я х.

Слова в словарях располагаются по алфавиту.

Кроме лексического, слово имеет и г р а м м а т и - ч е с к и е з н а ч е н и я. Например, у существительных можно определить род, падеж, число, у глаголов – время, лицо, число.

13. ОДНОЗНАЧНЫЕ И МНОГОЗНАЧНЫЕ СЛОВА

> Слова, имеющие одно лексическое значение, называются **о д н о з н а ч н ы м и.**
> Слова, имеющие несколько лексических значений, называются **м н о г о з н а ч н ы м и.**

В толковом словаре можно узнать, является ли слово однозначным или многозначным. Разные лексические значения многозначного слова помещаются в одной и той же словарной статье и нумеруются подряд. Например: .

Игла́, -ы́, мн. и́глы, игл, ж. 1. Инструмент для шитья. *Швейная игла.* 2. Лист хвойного дерева. *Опавшие иглы.* 3. Обычно во мн. ч. Колючки на теле животного. *Иглы ежа.*

Многозначное слово называет разные предметы, признаки, действия, в чем-либо сходные между собой. Например, слово *кнопка* употребляется в трех разных значениях. Канцелярской кнопкой прикалывается бумага к столу, на кнопку электрического звонка мы нажимаем, чтобы он зазвенел, застежка на платье тоже кнопка. Но между этими значениями есть общее: во всех трех случаях слово *кнопка* обозначает небольшой предмет, на который нужно нажать, чтобы присоединить что-то к чему-то.

14. ПРЯМОЕ И ПЕРЕНОСНОЕ ЗНАЧЕНИЯ СЛОВА

Перенос названия происходит, если у предметов есть какое-либо сходство, например, цвет спелой пшеницы и золота: *золотая (пшеница)* – т.е. светло-желтая, похожая цветом на золото.

11

Нередко действия людей приписываются неживым предметам, например, говорят *ветер уснул,* т.е. затих, замер; о ветре сказано, как о человеке.

В толковом словаре указывается не только прямое, но и переносное значение слова. Например:

Ослепи́тельный, -ая, -ое, -лен, -льна, -льно.

1. Очень яркий, слепящий глаза. *Ослепительный свет солнца.* 2. *Перен.* Необычайный, поразительный. *Ослепительная красота.* (Слово переносное записано сокращенно: *перен.*)

15. ОМОНИМЫ

> Слова одной и той же части речи, одинаковые но звучанию и написанию, но совершенно разные по лексическому значению, называются о м о н и м а м и.

В толковых словарях омонимы разъясняются в разных словарных статьях и обозначаются порядковым номером. Например:

Бор[1], -а, о бо́ре, в бору́, *мн.* боры́, *м.* Сосновый лес, растущий на сухом, возвышенном месте. *В бору водятся глухари.*

Бор[2], -а, *м.* Стальное сверло, употребляемое в зубоврачебном деле. *Зубной врач использует в работе бор.*

16. СИНОНИМЫ

> С и н о н и м ы – это слова одной и той же части речи, которые обозначают одно и то же, но могут отличаться друг от друга оттенками лексического значения и употреблением в речи.
>
> *Бегемот – гиппопотам.*

Существуют специальные словари синонимов. В толковых словарях при разъяснении значений некоторых слов также приводятся синонимы.

17. АНТОНИМЫ

Слова, противоположные друг другу по своему значению, являются а н т о н и м а м и.

Противопоставляться могут признаки предметов *(высокий – низкий)*, качества *(храбрый – трусливый)*, явления *(свет – тьма)* и т.п.

18. ОБЩЕУПОТРЕБИТЕЛЬНЫЕ СЛОВА. ДИАЛЕКТНЫЕ И ПРОФЕССИОНАЛЬНЫЕ СЛОВА

Слова, известные всему народу, являются о б щ е - у п о т р е б и т е л ь н ы м и, например: *вода, длинный, говорить*. Обыденная речь прежде всего строится из общеупотребительных слов.

Д и а л е к т н ы е с л о в а – это слова, употребляемые только жителями той или иной местности.

Яруга (овраг), бурак (свекла).

Некоторые наиболее употребительные в художественных произведениях диалектные слова включаются в толковые словари русского литературного языка. При них дается помета *обл.* (т.е. *областное*).

Существуют специальные диалектные словари, или словари русских народных говоров.

> **Слова, связанные с особенностями работы людей той или иной специальности, профессии, называются профессиональными (специальными).**
>
> *Палитра, шрифт, негатив, аккорд.*

Профессиональные слова разъясняются в особых словарях-справочниках, в энциклопедиях. Наиболее употребительные профессиональные слова даются в толковых словарях. При них ставится помета *спец.* (что значит *специальное*); другие пометы указывают, с какими специальностями связаны слова, например. *техн. – техническое, морск. – морское.* Одно из значений многозначного слова может быть профессиональным.

Профессиональные (специальные) слова широко используются в текстах научного стиля, составляя его особенность по сравнению с другими стилями.

19. УСТАРЕВШИЕ И НОВЫЕ СЛОВА

С течением времени выходят из употребления отдельные орудия труда, предметы одежды, домашнего обихода и т.д. Одновременно перестают употребляться слова, называющие их. Слова могут устаревать, заменяясь другими, хотя называемые ими предметы, явления остаются, например: *ветрило (парус).*

Слова, вышедшие из активного повседневного употребления, называются **у с т а р е в ш и м и, или а р х а и з м а м и.**

Лапти, боярин.

Устаревшие слова, часто встречающиеся в художественных произведениях, помещаются в толковых словарях с пометой *устар.* (что значит *устаревшее*).

С развитием науки, техники, искусства, общественной жизни появляются различные новые предметы домашнего обихода, орудия труда, машины, новые представления о мире. Вместе с ними возникают и *н о в ы е с л о в а,* называющие их. Словарный состав непрерывно обогащается за счет появления новых слов.

Новые слова, возникающие в языке, называются **н е о л о г и з м а м и.**

Космонавт, батискаф.

20. ЗАИМСТВОВАННЫЕ СЛОВА

Пополняется словарный состав языка и за счет заимствования слов из из других языков. Между народами, населяющими разные страны, существуют торговые, культурные, политические связи. Общаясь между собой, народы заимствуют друг у друга предметы личного и домашнего обихода, орудия труда, машины, оружие, предметы искусства, научные понятия и т.п. Одновременно усваиваются и называющие их слова. Чужие слова так прочно усваиваются, что люди иногда и не подозревают об их иностранном происхождении.

> **Слова, вошедшие в русский язык из других языков, называются заимствованными.**
>
> *Сундук, колчан, кровать, кукла.*

О происхождении заимствованных слов можно узнать в специальном словаре иностранных слов, а также в толковом словаре.

21. ФРАЗЕОЛОГИЗМЫ

> **Фразеологизмы – это устойчивые сочетания слов. Лексическое значение имеет весь фразеологизм в целом.**
>
> *Бить баклуши, водить за нос, сесть в калошу.*

Значения фразеологизмов разъясняются во фразеологическом словаре русского языка, в справочнике "Крылатые слова". Наиболее употребительные фразеологизмы разъясняются в толковых словарях.

Фразеологизм может быть синонимом слова

Фразеологизмы чаще всего используются в разговорной речи и в художественных произведениях. Они придают речи выразительность.

СЛОВООБРАЗОВАНИЕ И ОРФОГРАФИЯ

С л о в о о б р а з о в а н и е – раздел науки о языке, в котором даются ответы на два вопроса: 1. как построены (т.е. из каких частей состоят) слова, 2. как они образованы (т.е. от чего и с помощью чего).

22. ОКОНЧАНИЕ

О к о н ч а н и е – это изменяемая часть слова, которая образует форму слова.

Окончание служит также для связи слов в словосочетании и предложении.

Окончание обозначает: у имени существительного – падеж и число (без предлога или вместе с ним), у имени прилагательного – род, падеж и число (например: *росла, росли*).

Среди окончаний слова может быть н у л е в о е о к о н ч а н и е, т.е. такое, которое не выражено звуками.

17

Его мы обнаруживаем при сравнении форм слова. Например: *квартал*□, *квартал*а, *квартал*у, *квартал*ом. В первой форме – нулевое окончание. Оно образует форму именительного падежа, единственного числа существительных 2 склонения.

Об изменяемых словах надо говорить "имеет окончание", о неизменяемых – "оканчивается на..." , например: существительное *кофе* оканчивается на букву *е*.

23. ОСНОВА СЛОВА

В основе слова заключено его лексическое значение. Основа слова может быть равна корню. Такая основа называется н е п р о и з в о д н о й. Если основа включает в себя суффикс, или приставку, или то и другое, то она называется п р о и з в о д н о й.

О с н о в а – это часть изменяемого слова без окончания.

Например: *проводник* □ – *проводник*а (основа *проводник*-), *грузов*ой – *грузов*ого (основа *грузов*-), *постро*ят – *постро*им (основа *постро*-).

Неизменяемые слова состоят только из основы (например, наречие *сегодня*).

---

24. КОРЕНЬ СЛОВА

> **К о р е н ь** – это главная значимая часть слова, в которой заключено общее лексическое значение всех однокоренных слов.

Однокоренные слова могут быть одной частью речи (например, *трава, травка*) и могут относиться к разным частям речи (например, *трава, травяной*).

25. СУФФИКС

> **С у ф ф и к с** – это значимая часть слова, которая находиться после корня и служит для образования новых слов и новых форм данного слова.

Словообразующих суффиксов (образующих новые слова) в русском языке очень много. **Формообразующих** (образующих формы того же слова) – значительно меньше. Формообразующими являются, например, суффикс неопределенной формы глагола *-ть, -ти, (бра-ть, нес-ти)*[1]; суффикс глаголов прошедшего времени *-л- (игра-л, игра-л-а)*; суффиксы причастий, деепричастий и т.д.

---

1. Существуют научные школы (например, академик РАО, д.ф.н Шанский Н.М.), которые *-ть, -ти* позиционируют как окончание

26. ПРИСТАВКА

П р и с т а в к а – это значимая часть слова, которая находится перед корнем и служит для образования новых слов или новых форм слова.

Приставки используются главным образом для образования новых глаголов *(ходить – выходить – приходить – переходить – заходить)*. Значительно реже приставки используются для образования грамматических форм: глаголов совершенного вида *(делать – сделать)*, простой превосходной степени имен прилагательных *(длинный – предлинный)*. Присоединением приставки образуются новые слова той же части речи: от существительного – существительное, от глагола – глагол, от прилагательного – прилагательное и т.д.

Обычно приставка находится в начале слова, но в сложных словах она может оказаться и в середине: *самовыделение, газораспределитель*.

27. ОДНОКОРЕННЫЕ СЛОВА И ФОРМЫ ОДНОГО И ТОГО ЖЕ СЛОВА

При образовании однокоренных слов получаются слова с различным лексическим значением, например: *звонить, звонкий, перезвон*.

При изменении слова получаются формы этого же слова; изменяется только его грамматическое значение, а лексическое остается тем же самым, например: *звонить, звонит, звонят; правильный, правильная, правильные; телефон, телефона, телефону*.

28. ЧЕРЕДОВАНИЕ ЗВУКОВ

При образовании и изменении слов может происходить замена одних звуков другими в одной и той же части слова. Эту замену называют **ч е р е д о-
в а н и е м з в у к о в.** Чередуются гласные с гласными, согласные с согласными.

Чередующиеся звуки	Примеры чередования
г//ж//з	Подру́га – дру́жный – друзья́
к//ч//ц	кли́кать – клич – восклица́ть
д//ж//жд	ходо́ки – хожу́ – хожде́ние
т//ч//щ	све́тит – свеча́ – освеща́ть
ск//ст//щ	блеск – блесте́ть – бле́щет
х//ш	колыха́ть – колы́шет
з//ж	возрази́ть – возраже́ние
с//ш	писа́ть – пишу́
б//бл	гребе́т – гребля́
п//пл	насы́пь – сы́плю
м//мл	корми́ть – кормлю́
в//вл	лови́ть – ловлю́
ф//фл	разграфи́ть – разграфлю́
о//а	спор – оспа́ривать
е//а	влезть – ла́зить

29. БЕГЛЫЕ ГЛАСНЫЕ

В одной и той же значимой части слова гласные *о* и *е* в некоторых случаях отсутствуют, т.е. чередуются с нулем звука.

Например: *лоб – лба, беру – брать.*

Это б е г л ы е г л а с н ы е.

30. РАЗБОР СЛОВА ПО СОСТАВУ

Порядок разбора.

1. Окончание и основа; значение окончания.
2. Приставка (приставки), суффикс (суффиксы); значение приставки и суффикса (если оно ясно).
3. Корень; 2-3 однокоренных слова.

Образец разбора.

(В) голубоватой (дымке). Перевозчик.

Устный разбор.

1. *Голубоватая, голубоватые.* В слове *голубоватой* окончание *-ой,* основа *голубоват-.* Окончание обозначает, что прилагательное стоит в женском роде, в предложном падеже, в единственном числе.

2. *Голубоватый – голубой.* В слове *голубоватый* суффикс *-оват-.* Он образует имена прилагательные, которые имеют значение "не совсем такой", "чуть-чуть такой": *голубоватый* – значит не совсем голубой.

3. Корень в этом слове – *-голуб-.* Однокоренными словами являются, например, *голубой, голубизна, голубеть.*

1. *Перевозчик – перевозчика.* В слове *перевозчик* нулевое окончание. Основа – *перевозчик.* Окончание указывает здесь на то, что имя существительное стоит в именительном падеже единственного числа.

2. *Перевозчик – перевозить.* В слове *перевозчик* суффикс *-чик.* Он обозначает лиц (людей) по роду их занятий, по профессии.

Перевозчик – возчик. В слове перевозчик есть приставка пере . Она имеет значение передвижения с одного места на другое.

3. Корень слова – *-воз-*. Однокоренные слова: *возить, повозка*.

Письменный разбор.

Голубоватой перевозчик□,

31. ПРАВОПИСАНИЕ БЕЗУДАРНЫХ ГЛАСНЫХ В КОРНЕ СЛОВА

И з м е н е н и е с л о в а – это один из способов проверки правильного написания безударной гласной в корне слова.

П о д б о р о д н о к о р е н н ы х с л о в – второй способ.

Чтобы не ошибиться в написании безударной гласной в корне, нужно изменить слово или подобрать однокоренное слово, где проверяемая гласная была бы под ударением.

Дере́вья (де́рево); коси́ть (ко́сит).

Лесно́й (ле́с), колосо́к (ко́лос, коло́сья).

Правописание безударной гласной нельзя, однако, проверять при помощи глаголов несовершенного вида с суффиксами *-ывать, -ивать*, так как в этих глаголах вместо корневой *о* часто бывает *а*. Например, слово *выбросить* следует проверять словом *бросить*, а не *выбрасывать*.

Правописание непроверяемых безударных гласных в корне слова нужно запоминать.

В случае затруднения обращайтесь к орфографическому словарю.

Ваго́н; ветчина́.

---

32. ПРАВОПИСАНИЕ СОГЛАСНЫХ В КОРНЕ СЛОВА

> Чтобы не ошибиться в написании согласной в корне слова, нужно изменить слово или подобрать такое однокоренное слово, где после проверяемой согласной стоит гласная или *л, м, н, р, в.*
>
> *Дуб (дубы). Дорожка (дороженька, дорожный).*

> Чтобы не ошибиться в написании непроизносимых согласных в корне слова, нужно подобрать такое проверочное слово, в котором эта согласная стоит перед гласной или *м, н, р, л, в.*
>
> *Поздний (опоздать), устный (уста), честный (чествовать).*

Следует обратить особое внимание на правописание слов: *лестница* (но: *лесенка*), *чувство, блеснуть* (но: *блестеть*), *ресницы, ровесник, сверстник, яства;* их написание нужно запомнить.

> Правописание непроверяемых согласных в корне слова нужно запоминать.
>
> *Мундштук, асбест, вокзал.*
>
> В случае затруднения обращайтесь к орфографическому словарю.

33. РАЗДЕЛИТЕЛЬНЫЕ Ъ И Ь

Разделительный **ъ** пишется перед буквами *е, ё, ю, я* в следующих случаях: после приставки, оканчивающейся на согласную *(отъезд, объять, съемка, предъюбилейный);* в сложных словах после числительных *двух-, трех-, четырёх- (двухъярусный);* в иноязычных словах после приставок *ад-, ин-, интер-, суб-, контр-* и др. *(субъект).*

Разделительный **ь** пишется перед буквами *е, ё, ю, я, и* во всех остальных случаях, а также в некоторых иноязычных словах перед буквой *о (бурьян, соловьи, медальон).*

В сложносокращенных словах разделительные **ъ** и **ь** не ставятся *(детясли, Белювелирторг).*

34. ПРАВОПИСАНИЕ ГЛАСНЫХ И СОГЛАСНЫХ В ПРИСТАВКАХ

Гласные и согласные в приставках, кроме приставок на *з- (с-),* пишутся одинаково независимо от произношения.

*До*читать, *подо*звать, *над*пись, *с*делать, *с*тереть.

35. БУКВЫ З И С НА КОНЦЕ ПРИСТАВОК

В приставках на *з- (с-)* перед звонкими согласными пишется *з,* а перед глухими – *с.*

*Раз*будить (перед звонк.); *рас*писание (перед глух.).

Приставки *з-* в русском языке нет, а есть только приставка *с-*. Следовательно, в начале слов всегда пишется *с-*. Например: *сбегать, сгореть*.

36. БУКВЫ *О – А* В КОРНЕ *ЛАГ – ЛОЖ*

> В корне *лаг – лож* в безударном положении *а* пишется перед *г*, *о* – перед *ж*.
>
> *Предполага́ть, предположе́ние.*

37. БУКВЫ *О – А* В КОРНЕ *РАСТ – РОС*

> В корне *раст – рос* безударная *а* пишется перед *ст, щ*.
>
> **Исключения:** *росток, отрасль.*
>
> *Вырасти; выросла* (не перед *ст, щ*).
> *Росток* (искл.).

Не следует пользоваться проверочным словом при написании слов с чередованием гласных в корне.

38. БУКВЫ *Ё – О* ПОСЛЕ ШИПЯЩИХ В КОРНЕ

> В корне после шипящих под ударением пишется *ё*, а не *о*.
>
> **Слова-исключения:** *крыжовник, шорох, шов, капюшон.*
>
> *Жёрдочка. Крыжовник* (искл.).

26

В некоторых словах после шипящих в безударном положении пишется буква *о*. Это слова с непроверяемой безударной гласной. Правописание их нужно запомнить.

39. БУКВЫ *О* И *А* В КОРНЕ *ГОР – ГАР*

В корне с чередованием *гор – гар* в безударном положении пишется буква *о*.

Подгореть.

40. БУКВЫ *О* И *А* В КОРНЕ *КОС – КАС*

В корне *кос – кас* в безударном положении пишется буква *а*, если после корня стоит суффикс *а*, и буква *о*, если этого суффикса нет.

Касаться, коснуться (нет суффикса *а*).

41. БУКВЫ *Ы – И* ПОСЛЕ *Ц*

Буква *и* после *ц* пишется в корнях слов и в словах на *-ция*.

Буква *ы* после *ц* пишется: а) в окончаниях
и суффиксах;
б) в корнях слов-
исключений
цыпленок,
цыган,
цыкнуть,
на цыпочках.

Цифра, лекция (на *-ция*); *цыганский* (искл.);
с улицы, сестрицын.

42. ОСНОВНЫЕ СПОСОБЫ ОБРАЗОВАНИЯ СЛОВ В РУССКОМ ЯЗЫКЕ

Слова в русском языке чаще всего образуются от других слов с помощью прибавления к ним приставок и суффиксов: **приставочным способом** (с помощью приставок, например, *потемнеть* от *темнеть*), **суффиксальным** (с помощью суффиксов, например, *автозаводской* от *автозавод*), **приставочно-суффиксальным** (с помощью одновременного прибавления приставки и суффикса, например, *соединять* от *единый*) **бессуффиксным** (например, *переход* от *переходить*).

Слова могут образовываться **сложением основ** (с помощью соединительных гласных, например, *ледокол* от *лед* и *колоть*, или без них, например, *авиаметеослужба*), **сложением слов** (например, *диван-кровать*), **переходом одной части речи в другую** (например, *заводская столовая* из *столовая комната*).

При последовательном образовании слов друг от друга создается цепочка однокоренных слов: *серый – сероватый – сероватенький; приятный – неприятный – пренеприятный*.

43. БУКВЫ *Ы* И *И* ПОСЛЕ ПРИСТАВОК

После приставок на согласные пишется буква *ы*, если однокоренные слова без этих приставок начинаются со звука [и].

После приставки *сверх-* пишется буква *и*.

Безынтересный (интересный). Подыскать (искать). Сверхинтересный (после сверх-).

44. ГЛАСНЫЕ В ПРИСТАВКАХ *ПРЕ-* И *ПРИ-*

> **Если приставка обозначает присоединение, приближение, близость или неполное действие, то в ней пишется буква *и* (это приставка *при-*).**
>
> **Если приставка близка по значению к слову *очень* или к приставке *пере-*, то в ней пишется буква *е* (это приставка *пре-*).**
>
> *Привинтить (присоед.). Прескверный (=очень). Преграда (перегородить).*

Есть много слов, в которых значение приставок *при-* и *пре-* определить очень трудно, например: *приготовить, преодолеть.*

Правописание таких слов надо узнавать по словарю или запоминать.

В русском языке имеются слова, в которых *при-* и *пре-* не являются приставками, а составляют часть корня, например: *природа, препятствие, приятный.*

45. СОЕДИНИТЕЛЬНЫЕ *О* И *Е* В СЛОЖНЫХ СЛОВАХ

При образовании сложных слов из основ слов используются соединительные гласные *о* и *е*.

> **В сложных словах после твердых согласных пишется соединительная *о*, а после мягких согласных, шипящих и *ц* – соединительная *е*.**
>
> *Зверолов* [р], *путепровод* [т'], *пешеход* [ш], *птицефабрика* [ц].

46. СЛОЖНОСОКРАЩЕННЫЕ СЛОВА

Сложное слово, состоящее из сокращенных частей основ слов, называется с л о ж н о с о к р а щ е н н ы м.

При образовании сложносокращенного слова берется: 1) часть, состоящая из нескольких звуков: *спец(иальный) кор(респондент)* → *спецкор;* 2) начальная буква: *с(овместное) п(редприятие)* → *СП,* произносится [эс-пэ]; 3) начальный звук: *с(троительное) м(онтажное) у(правление)* → *СМУ,* произносится [сму].

47. СЛОВООБРАЗОВАТЕЛЬНЫЙ РАЗБОР СЛОВА

Словообразовательный разбор слова – это выяснение того, как образовано данное слово, т.е. от чего и с помощью чего. Например: слушатель ← слушать. При словообразовательном разборе в слове указываются только те части, с помощью которых оно образовано.

План разбора:

1. Дать толкование лексического значения слова (например: *слушатель – это тот, кто слушает кого-нибудь*).
2. Сравнить состав данного слова с однокоренным (*слушатель – слушать*); выявить ту часть (или части) слова, с помощью которых оно образовано (*-тель*).
3. Определить, от чего образована основа (от *слуша-* из слова *слушать*).

Образец письменного разбора:

Слушатель ← слушать.

МОРФОЛОГИЯ И ОРФОГРАФИЯ

Морфология – раздел науки о языке, в котором слово изучается как часть речи.

48. САМОСТОЯТЕЛЬНЫЕ И СЛУЖЕБНЫЕ ЧАСТИ РЕЧИ

Самостоятельные части речи называют предметы, признаки, действия, количество. В предложении они являются членами предложения.

Служебные части речи (предлоги, союзы, частицы) употребляются только вместе с самостоятельными, не называют ни предметов, ни признаков, ни действий, ни количества и не бывают членами предложения.

ИМЯ СУЩЕСТВИТЕЛЬНОЕ

49. ИМЯ СУЩЕСТВИТЕЛЬНОЕ КАК ЧАСТЬ РЕЧИ

1. Имя существительное – часть речи, которая обозначает предмет. Имя существительное отвечает на вопрос кто? или что?

2. Имена существительные относятся к мужскому, женскому или среднему роду и изменяются по падежам и числам.

3. В предложении имена существительные чаще всего бывают подлежащими, дополнениями и обстоятельствами.

Числа:

Единственное   множественное.

Падежи:

Именительный (кто? что?)	Винительный (кого? что?)
Родительный (кого? чего?)	Творительный (кем? чем?)
Дательный (кому? чему?)	Предложный (о ком? о чем?)

Склонение:

Склонение	Род	В им. п. ед. ч. оканчивается
1	женский мужской	на -*а*, -*я*
2	мужской средний	на согласный; на -*о*, -*е*
3	женский	на согласный с *ь* на конце

Мягкий знак после шипящих на конце слова пишется у существительных только 3 склонения.

У других существительных на конце после шипящих мягкий знак не пишется.

Рожь (3 скл.).

(Много) туч (не 3 скл.). *Грач* (не 3 скл.).

50. ИМЕНА СУЩЕСТВИТЕЛЬНЫЕ. СОБСТВЕННЫЕ И НАРИЦАТЕЛЬНЫЕ

Имена существительные **нарицательные** являются названиями однородных предметов.

Для того чтобы отличить какой-либо отдельный предмет от других однородных предметов, ему дается свое название.

Имена существительные **собственные** и являются названиями единичных предметов.

К существительным собственным принадлежат имена, отчества, фамилии людей, географические названия, названия литературных произведений, названия исторических событий, названия картин, кинофильмов, спектаклей, названия предприятий, клички животных.

Для обозначения единичных предметов, выделенных из ряда однородных, используются не только отдельные слова (имена собственные), но и собственные наименования. Например, *Млечный Путь*.

Имена собственные пишутся с большой буквы.

Заглавия книг, названия журналов, газет, картин, кинофильмов, спектаклей, заводов, фабрик, кораблей и т.д. не только пишутся с большой буквы, но и заключаются в кавычки.

Россия (собств.); *газета "Известия"* (назв.).

51. ИМЕНА СУЩЕСТВИТЕЛЬНЫЕ. ОДУШЕВЛЕННЫЕ И НЕОДУШЕВЛЕННЫЕ

О д у ш е в л е н н ы е имена существительные отвечают на вопрос кто?

Н е о д у ш е в л е н н ы е имена существительные отвечают на вопрос что?

Следует помнить, что одушевленность и неодушевленность существительных – это понятия чисто грамматические и их отличие друг от друга не всегда соответствует различению живого и неживого в природе. Поэтому не всегда легко определить одушевленность и неодушевленность существительных по вопросам кто? или что? В трудных случаях необходимо прибегать к помощи грамматического показателя одушевленности и неодушевленности – форме винительного падежа множественного числа. У одушевленных имен существительных всех трех родов винительный падеж множественного числа совпадает с родительным, а у неодушевленных – с именительным.

52. МОРФОЛОГИЧЕСКИЙ РАЗБОР ИМЕНИ СУЩЕСТВИТЕЛЬНОГО

План разбора.

1. Часть речи. Общее значение.

2. Морфологические признаки. 1). Начальная форма (именительный падеж единственного числа). 2). Постоянные признаки: а) собственное или нарицательное, б) одушевленное или неодушевленное, в) род, г) склонение. 3) Непостоянные признаки: а) падеж, б) число.

3. Синтаксическая роль.

Образец разбора

Вот север[3], тучи нагоняя,
Дохнул, завыл – и вот сама
Идет волшебница зима.

(А.С. Пушкин).

Устный разбор

Север – существительное.

Во-первых, оно обозначает предмет: (что?) *север*. Начальная форма – *север*.

Во-вторых, имеет постоянные морфологические признаки: нарицательное, неодушевленное, мужского рода, 2-го склонения.

Употреблено в именительном падеже, в единственном числе – это его непостоянные признаки.

В-третьих, в предложении является подлежащим.

Письменный разбор

Север – сущ.

1. (Что?) *север*. Н.ф. - *север*.

2. Пост. – нариц., неодуш., м.р., 2-го скл.; непост. – в им.п., в ед.ч.

3. Что? *север*.

53. РОД ИМЕН СУЩЕСТВИТЕЛЬНЫХ

Мужской род (он)	Женский род (она)	Средний род (оно)
Картофель путь рельс рояль	Молодежь мышь простыня фамилия	Впечатление повидло полотенце яблоко

Род имен существительных определяется обычно по форме согласованного с ними местоимения (прилагательного, причастия, порядкового числительного): *мой дом, моя улица, мое счастье, мой домишко, мой домище.*

54. ЧИСЛО ИМЕН СУЩЕСТВИТЕЛЬНЫХ

Большинство существительных имеют оба числа – единственное и множественное, например: *санаторий – санатории, запись – записи, звено – звенья.*

Некоторые из существительных употребляются только в единственном числе, например: *юношество, дружба, космос, алюминий.*

Часть существительных имеет только множественное число: *ворота, щипцы, дрожжи, хлопоты, проводы;* **эти существительные не относятся ни к какому роду.**

55. ТИПЫ СКЛОНЕНИЙ ИМЕН СУЩЕСТВИТЕЛЬНЫХ

Склонением называется изменение существительных по падежам. Отдельные группы существительных склоняются в единственном числе одинаково, то есть имеют одинаковые окончания. По этому признаку в русском языке различаются три основных типа склонения – первое, второе, третье (см. с. 32).

Склонение существительного определяется по именительному падежу единственного числа. Это н а ч а л ь н а я ф о р м а имени существительного.

К п е р в о м у с к л о н е н и ю относятся существительные женского рода, имеющие в именительном падеже единственного числа окончания -а, -я; *рек[а], дерев[ня]*, а также слова мужского рода с теми же окончаниями: *батюшк[а], Ван[я].*

Ко второму склонению – существительные мужского рода с основами на твердый и мягкий согласный звук или -й, с нулевым окончанием в именительном падеже единственного числа: *песок*☐, *уголь*☐, *клей*☐; кроме того – существительные среднего рода с окончаниями -о, -е: *облак*☐, *счасть*☐, *знани*☐.

К третьему склонению – существительные женского рода с *ь* на конце: *степь*☐, *ночь*☐, *мышь*☐.

56. ПАДЕЖ ИМЕН СУЩЕСТВИТЕЛЬНЫХ

Падеж – это форма имени, указывающая на отношение данного слова к другим словам в предложении.

В русском языке различают шесть падежей, которые отвечают на следующие вопросы:

Именительный – кто? или что?
Родительный – кого? или чего?
Дательный – кому? или чему?
Винительный – кого? или что?
Творительный – кем? или чем?
Предложный – о ком? или о чем?

Именительный падеж называется прямым. Остальные падежи носят название косвенных.

Именительный падеж употребляется всегда без предлога. Косвенные падежи (кроме предложного) употребляются как с предлогами, так и без предлогов. Предложный падеж, как говорит его название, употребляется только с предлогами.

Чтобы правильно определить падеж существительного, нужно:

1) найти слово, к которому относится существительное;

2) поставить от этого слова к существительному вопрос.

57. ПРАВОПИСАНИЕ ГЛАСНЫХ В ПАДЕЖНЫХ ОКОНЧАНИЯХ СУЩЕСТВИТЕЛЬНЫХ В ЕДИНСТВЕННОМ ЧИСЛЕ

Окончание *-е* **пишется у существительных 1 склонения в дательном и предложном падежах и у существительных 2 склонения в предложном падеже (кроме существительных на** *-ия, -ий, -ие***).**

Поется в песне (1, предл. п.).

Окончание *-и* **(***-ы***) пишется у существительных 1 склонения в родительном падеже и у существительных 3 склонения в родительном, дательном и предложном падежах.**

Встречаются в жизни (3, предл. п.).

У существительных женского рода на *-ия* (*армия, революция*) **в родительном, дательном и предложном падежах единственного числа пишется на конце** *-ии***.**

Читать о революции (предл. п., на *-ия*).

У существительных мужского рода на *-ий* (*санаторий, лекторий*) **и у существительных среднего рода на** *-ие* (*произведение, решение*) **в предложном падеже единственного числа пишется на конце** *-ии***.**

Отдыхать в санатории (предл. п., на *-ий*).

Образец рассуждения.

Из песни слова не выкинешь. Из песни – песня, 1 склонение, *не выкинешь* (из чего?) *из песни* – существительное, стоит в родительном падеже. У существительных 1 склонения в родительном падеже пишется окончание *-и.*

58. ПРАВОПИСАНИЕ *О – Е* ПОСЛЕ ШИПЯЩИХ И *Ц* В ОКОНЧАНИЯХ СУЩЕСТВИТЕЛЬНЫХ

После шипящих и *ц* в окончаниях существительных под ударением пишется буква *о*, без ударения – буква *е.*

Врачо́м, свинцо́м,

това́рищем, полоте́нцем.

59. ПРАВОПИСАНИЕ СУЩЕСТВИТЕЛЬНЫХ В РОДИТЕЛЬНОМ ПАДЕЖЕ МНОЖЕСТВЕННОГО ЧИСЛА

1. В родительном падеже множественного числа существительные женского рода на *-ия* и среднего рода на *-ие, -ье* имеют на конце *-ий:* кампания – кампаний; здание – зданий; ущелье – ущелий (но: *ружье – ружей; платье – платьев*).

2. Окончания некоторых существительных мужского рода в родительном падеже множественного числа сходны с именительным единственного числа: *рота солдат; блеск глаз; пара ботинок, сапог, валенок, чулок* (но: *носки - носков*).

3. После шипящих в родительном падеже множественного числа *ь* не пишется, например: *туч, пастбищ.*

4. Существительные женского рода, оканчивающиеся в родительном падеже множественного числа на -ен, пишутся без буквы ь после -ен, например: *песня – песен, башня – башен, вишня – вишен.* **Исключения:** *деревня – деревень, барышня – барышень, боярышня – боярышень.*

60. ИМЕНИТЕЛЬНЫЙ ПАДЕЖ МНОЖЕСТВЕННОГО ЧИСЛА НЕКОТОРЫХ СУЩЕСТВИТЕЛЬНЫХ МУЖСКОГО РОДА

1. Некоторые существительные мужского рода в именительном падеже множественного числа употребляются

с окончанием *-а, -я:*

адреса́, берега́, века́, города́, директора́, доктора́, желоба́, жернова́, инспектора́, катера́, корма́, номера́, округа́, острова́, отпуска́, паспорта́, повара́, профессора́, сорта́, сторожа́, стога́, фельдшера́, штемпеля́, штепселя́, якоря́;

с окончанием *-ы,-и:* *а́вторы, апте́кари, агита́торы, бухга́лтеры, вы́боры, догово́ры, инжене́ры, ле́кторы, ли́деры, констру́кторы, ко́нюхи, ора́торы, офице́ры, пригово́ры, ревизо́ры, реда́кторы, сна́йперы, стажёры, то́рты, шофёры.*

2. Различаются по значению существительные: *меха́ (выделанные из шкур зверей) – мехи́ (кузнечные), пояса́ (ремни) – по́ясы (географические), провода́ (электрические шнуры) – про́воды (кого-либо), пропуска́ (документы) – про́пуски (то, что пропущено), счета́ (документы для оплаты) – счёты (приспособление для счета), тормоза́ (устройство) – то́рмозы (преграды), учителя́ (преподаватели) – учи́тели (основоположники научной теории), хлеба́ (злаки)*

– *хлебы (печеные), цвета́ (краски) – цветы́ (растения)*, также: *зу́бы (во рту) – зу́бья (зубцы), ко́рни (у растений) – коре́нья (сушеные овощи), листы́ (бумаги, железа и т. п.) – ли́стья (у растений), сыны́ (родины) – сыновья́ (у матери).*

3. Возможны двоякие формы у существительных (окончание *-а, -я* более свойственно разговорной речи): *ве́тры – ветра́, во́зы – воза́, го́ды – года́, проже́кторы – прожектора́, про́мыслы – промысла́, це́хи – цеха́.*

При затруднениях в употреблении окончаний *-а, -я* или *-ы, -и* нужно обращаться к словарям.

> Имена существительные женского рода в именительном падеже множественного числа имеют окончание *-и (-ы).*
>
> Имена существительные среднего рода в именительном падеже множественного числа имеют окончание *-а, (-я).*

61. РАЗНОСКЛОНЯЕМЫЕ ИМЕНА СУЩЕСТВИТЕЛЬНЫЕ

> Десять существительных среднего рода на *-мя (бремя, время, вымя, знамя, имя, пламя, племя, семя, стремя и темя)* и существительное мужского рода *путь* в родительном, дательном и предложном падежах единственного числа имеют окончания существительных 3-го склонения *-и: к знамени, нет времени, в пламени, в пути* и т. д., а в творительном падеже принимают окончания существительных 2-го склонения *-ем: на темени* (П., на *-мя*), *теменем* (Т., на *-мя*), *путем.*

У существительных на -мя в родительном, дательном, творительном и предложном падежах в единственном числе и во всех падежах во множественном числе к корню прибавляется суффикс -ен: *на знамени, знамена.*

В словах *семя, стремя* в родительном падеже множественного числа к корню прибавляется суффикс -ян: *семян.*

62. БУКВА *Е* В СУФФИКСЕ -*ЕН*- СУЩЕСТВИТЕЛЬНЫХ НА -*МЯ*

В безударном суффиксе -*ен*- существительных на -*мя* пишется буква *е*.

На знамени (на -мя).

63. НЕСКЛОНЯЕМЫЕ ИМЕНА СУЩЕСТВИТЕЛЬНЫЕ

Несклоняемыми называются существительные, которые имеют для всех падежей одну и ту же форму слова, например: *(слушаю) радио* (в. п.), *(передать) по радио* (д. п.).

К несклоняемым существительным относятся: а) многие существительные иноязычного происхождения с конечными гласными -*о*, -*е*, -*у*, -*ю* и с конечным ударным *а*, например: *без пальто, по шоссе, на такси, от кенгуру, в меню; поэма Гейне, роман Дюма, стихи Гюго, опера Верди, пьеса Шоу; через Па-де-Кале, в Брно, ехать Багу по Тбилиси;*

б) иноязычные существительные, обозначающие лиц женского пола и оканчивающиеся на согласный, например: *стихи поэтессы Алигер, роман писательницы Войнич; к знакомой мисс;*

в) русские и украинские фамилии на -*о* и -*их (ых)*, например: *у Сухих, с Дурново, о Шевченко;*

г) сложносокращенные слова буквенного и смешанного характера, например: *в РФ, из ЦПКиО, для сельпо, в рай-оно.*

64. РОД НЕСКЛОНЯЕМЫХ ИМЕН СУЩЕСТВИТЕЛЬНЫХ

Несклоняемые неодушевленные имена существительные иноязычного происхождения относятся преимущественно к среднему роду, например: *(шелковое) кашне, (осеннее) пальто.* К мужскому роду относятся, например, слова: *(досадный) пенальти, (черный) кофе,* к женскому – *(свежая) кольраби, (широкая) авеню.*

Несклоняемые одушевленные имена существительные иноязычного происхождения относятся к женскому роду, если обозначают лиц женского пола, например: *(пожилая) мадам;* относятся к мужскому роду, если обозначают лиц мужского пола или животных, например: *(английский) буржуа, (серый) кенгуру.*

Род несклоняемых собственных имен существительных – географических названий определяется родом тех имен нарицательных, которыми эти названия могут быть заменены. Например, *Батуми* – город, значит, существительное *Батуми* мужского рода.

Род сложносокращенных слов, образованных из начальных букв, определяется по роду главного слова, лежащего в основе соответствующего сочетания. Например, *ВДНХ* – это *Выставка достижений народного хозяйства.* Главное слово *выставка* женского рода; значит, сложносокращенное слово *ВДНХ,* образованное из начальных букв, женского рода: *ВДНХ открылась в 1959 году.*

Сложносокращенные слова с основой на гласную, образованные из начальных звуков, относятся преимущественно к среднему роду; например, *роно (районный отдел народного образования), гороно (городской отдел народного образования).*

Некоторые сложносокращенные слова, оканчивающиеся на твердую согласную, являются существительными мужского рода, если они образованы из начальных звуков: например, *вуз, МИД, ТАСС.*

65. ИМЕНА СУЩЕСТВИТЕЛЬНЫЕ ОБЩЕГО РОДА

Некоторые существительные с окончанием -*а* (*я*), обозначающие качества людей, относятся к мужскому роду, если обозначают лиц мужского пола, или к женскому роду, если обозначают лиц женского пола, например: *такой задира Андрюша, такая задира Таня.* **Это существительные о б щ е г о р о д а.** Имена прилагательные при них согласуются либо в мужском, либо в женском роде.

Некоторые существительные мужского рода, называющие лиц по профессии, по должности, по роду занятий, обозначают как лиц мужского, так и лиц женского пола, например: *врач Иванов* и *врач Иванова.*

Глагол-сказуемое в прошедшем времени при таком подлежащем-существительном ставится в мужском роде, если речь идет о мужчине: *Врач Иванов выписал рецепт*, и в женском роде, если речь идет о женщине: *Врач Иванова выписала рецепт.*

Определение-прилагательное с таким существительным употребляется в мужском роде: *Дежурный врач Иванов выписал рецепт; Дежурный врач Иванова выписала рецепт.*

66. БУКВЫ *Щ* И *Ч* В СУФФИКСЕ *-ЩИК (-ЧИК)*

В суффиксе существительных *-щик (-чик)* после букв *д – т, з – с и ж* пишется буква *ч*.
Смазчик (смазать). Каменщик (не на д – т, з – с, ж).

После *т* в некоторых словах с иноязычными корнями пишется *-щик* (*бриллиантщик*).
Мягкий знак пишется перед суффиксом *-щик* только после *л* (*пильщик*).

67. *НЕ* С СУЩЕСТВИТЕЛЬНЫМИ

Не **с существительными пишется слитно: 1) если слово не употребляется без *не-*; 2) если существительное с *не-* может быть заменено синонимом без *не-* или близким по значению выражением.**
Неряха. Невольник (не употр. без *не*). *Неправда (ложь).*
Необразованность (отсутствие образованности).

Не **с существительными пишется раздельно, если в предложении есть противопоставление с союзом *а*.**
Не правда, а ложь.

68. ГЛАСНЫЕ В СУФФИКСАХ СУЩЕСТВИТЕЛЬНЫХ *-ЕК* И *-ИК*

Чтобы правильно написать гласные в суффиксах *-ек* и *-ик*, надо просклонять эти существительные.

Если гласный выпадает, то в суффиксе надо писать букву *е*; если гласный не выпадает, то в суффиксе надо писать букву *и*.

Сыночек - сыночка. Носик -носика.

69. ГЛАСНЫЕ *О* И *Е* ПОСЛЕ ШИПЯЩИХ В СУФФИКСАХ СУЩЕСТВИТЕЛЬНЫХ

После шипящих под ударением в суффиксах имен существительных пишется буква *о*, без ударения – буква *е*.

Снежо́к, горо́шек, ручо́нка, зайчо́нок, кро́шечка, до́ченька.

70. ДЕФИСНОЕ И СЛИТНОЕ НАПИСАНИЕ СЛОВ С *ПОЛ-* И *ПОЛУ-*

Понятие "дефис" является орфографическим Знак, называемый этим словом, находится между частями слова.

Сложные слова с *пол-* пишутся через дефис, если второй корень начинается с буквы *л*, с гласной, а также с большой буквы.

В остальных случаях сложные слова с *пол-* пишутся слитно. Слова с *полу-* пишутся слитно.

Пол-листа, пол-апельсина. Пол-Байкала. Полминдарина. Полумесяц.

ИМЯ ПРИЛАГАТЕЛЬНОЕ

71. ИМЯ ПРИЛАГАТЕЛЬНОЕ КАК ЧАСТЬ РЕЧИ

1. Имя прилагательное – часть речи, которая обозначает признак предмета. Имя прилагательное отвечает на вопросы к а к о й? ч е й?

2. Имена прилагательные изменяются по числам, родам (только в единственном числе), падежам.

Имена прилагательные согласуются с именами существительными, то есть ставятся в том же роде, числе и падеже, что и существительные, к которым они относятся.

3. В предложении имена прилагательные являются определениями и сказуемыми.

Признаки, качества могут выражаться и именами существительными (*краснота, белизна, упрямство*), но обозначаемые ими признаки мыслятся предметно, отвлеченно от тех предметов или явлений, которым они принадлежат. Имена прилагательные обозначают признаки, которые мыслятся не как самостоятельно существующие, а как обязательно принадлежащие какому-либо предмету (*красное знамя, белые цветы, упрямый характер*).

72. ПРАВОПИСАНИЕ ПАДЕЖНЫХ ОКОНЧАНИЙ ПРИЛАГАТЕЛЬНЫХ

Прилагательные в мужском и среднем роде, в творительном падеже единственного числа имеют окончание -ым (-им), а в предложном падеже – -ом (-ем).

Глубоким озером (*озером* к а к и м? ср. р., тв. п.);
в глубоком океане (*в океане* к а к о м? м. р., предл. п.).

Прилагательные в женском роде, в винительном падеже единственного числа имеют окончание -ую (-юю), а в родительном, дательном, творительном и предложном падежах имеют окончание -ой (-ей).

В холодную зиму (*в зиму* к а к у ю? ж. р., вин. п.);
морозной ночью (*ночью* к а к о й? ж. р., тв. п.).

Чтобы узнать, какое окончание пишется у прилагательного, нужно:

1) определить, к какому существительному относится прилагательное;

2) определить род, число и падеж этого существительного и прилагательного;

3) вспомнить, какое окончание пишется у прилагательного в этой форме.

Правильность написания безударных окончаний прилагательных проверяется путём постановки вопросов: к а к а я? к а к и х? к а к и м? и т. д.

Окончание вопроса должно совпадать с окончанием прилагательного. Исключение составляют имена прилагательные мужского рода, стоящие в именительном падеже. Они отвечают на вопрос к а к о й ?, но имеют *разные окончания: ручеек (какой?) лесной (окончания совпадают); охотник (какой) смелый, двор (какой?) широкий (окончания не совпадают).*

В окончаниях имен прилагательных после шипящих под ударением пишется буква *о*, без ударения – буква *е*.

Большого снега, хорошего дождя.

---

73. ПРИЛАГАТЕЛЬНЫЕ ПОЛНЫЕ И КРАТКИЕ

Большинство качественных имен прилагательных образуют краткую форму *(умный – умен, красивый – красив).* Краткие прилагательные отличаются от полных не только своей формой, но и грамматическими признаками и синтаксическими функциями.

Краткие имена прилагательные не склоняются, но изменяются по числам, а в единственном числе – по родам.

В предложении краткое прилагательное обычно является сказуемым.

В редких случаях, в устойчивых сочетаниях, где остались старые формы косвенных падежей ранее склонявшихся кратких прилагательных, они выполняют роль определений: средь бела дня, на босу ногу.

У кратких прилагательных с основой на шипящую мягкий знак на конце не пишется.

Могуч (кр. прилаг.).

Краткие прилагательные мужского рода не имеют окончаний *(стар, силен)*; краткие прилагательные женского и среднего рода образуются путем прибавления к основам окончаний *-а* и *-о (-е): свежа, свежо, сине. – Свежо предание, а верится с трудом (Гр.).*

Во множественном числе краткие прилагательные всех родов имеют окончание *-ы (-и): молоды, добры. – Как хороши, как свежи были розы.*

74. СТЕПЕНИ СРАВНЕНИЯ ИМЕН ПРИЛАГАТЕЛЬНЫХ

Прилагательные могут иметь степени сравнения: сравнительную и превосходную. Сравнительная степень показывает, что в том или ином предмете признак проявляется в большей степени, чем в другом, например: *Левый берег реки круче правого; Левый берег реки более крутой, чем правый.* **Превосходная степень показывает, что тот или иной предмет превосходит остальные предметы по какому либо признаку,** например: *Байкал – глубочайшее озеро на Земле; Байкал – самое глубокое озеро на Земле.*

Сравнительная степень прилагательных имеет две формы: п р о с т у ю   и   с о с т а в н у ю.

Простая форма сравнительной степени образуется путем прибавления к основе начальной формы прилагательных суффиксов *-ее (-ей)*, например: *приветливый- приветливее (-ей); -е*, перед которым происходит чередование согласных, например: *громкий – громче; -ше*, например: *тонкий – тоньше*. Иногда при присоединении суффиксов *-е* и *-ше* от основы начальной формы отсекается суффикс *-к- (-ок, -ек)*, например: *сладкий – слаще, тонкий – тоньше*.

Прилагательные *малый (маленький), плохой, хороший* образуют форму простой сравнительной степени от других основ: *меньше, хуже, лучше*.

Составная форма сравнительной степени обычно образуется прибавлением слова *более* к начальной форме прилагательного: *приветливый – более приветливый, громкий – более громкий*.

Прилагательные в форме простой сравнительной степени не изменяются ни по родам, ни по числам, ни по падежам. В предложении они бывают сказуемыми. В прилагательных в форме составной сравнительной степени второе слово изменяется по родам, падежам и числам, например: *по более высокой горе*. В предложении прилагательные в форме составной сравнительной степени обычно бывают сказуемыми и определениями, например: *В этом году зима более снежная, чем в прошлом; Домой мы возвращались по более широкой дороге*.

Составная форма сравнительной степени чаще употребляется в научном стиле.

Превосходная степень прилагательных имеет две формы: п р о с т у ю   и   с о с т а в н у ю.

Простая форма превосходной степени образуется путем прибавления к основе начальной формы прилагательного суффикса *-ейш- (-айш-),* например: *справедливый – справедливейший.* **Перед *-айш-* происходит чередование согласных,** например: *глубокий – глубочайший.* Эта форма прилагательных чаще всего употребляется в книжной речи.

Составная форма превосходной степени представляет собой сочетание слов *самый, наиболее* **и начальной (исходной) формы прилагательного,** например: *самый справедливый, наиболее строгий.*

Прилагательные в форме превосходной степени изменяются по родам, падежам и числам. Неизменяемым является слово *наиболее* в составной форме превосходной степени, например: *в наиболее недоступном месте.* Прилагательные в форме превосходной степени в предложении чаще всего бывают определениями.

75. РАЗРЯДЫ ИМЕН ПРИЛАГАТЕЛЬНЫХ ПО ЗНАЧЕНИЮ. КАЧЕСТВЕННЫЕ ПРИЛАГАТЕЛЬНЫЕ

По значению и форме прилагательные делятся на три разряда: на качественные, относительные и притяжательные.

Качественные прилагательные обозначают такой признак (качество) предмета, который может быть в этом предмете в большей или в меньшей степени, например: *темная (туча) – Туча над нами темнее, чем все остальные.*

Качественные прилагательные образуют с т е п е - ни с р а в н е н и я: *более темный, самый темный* – и краткую форму: *(туча) темна.* Качественные прилагательные могут сочетаться с наречиями *очень, чрезвычайно, слишком* и др., например: *очень бледный.* От качественных прилагательных обра- зуются сложные прилагательные путем их повтора: *бледный-бледный,* прилагательные с при- ставкой *не-*: *неаккуратный.*

76. ОТНОСИТЕЛЬНЫЕ ПРИЛАГАТЕЛЬНЫЕ

Относительные прилагательные обозначают такой признак предмета, который не может в пред- мете быть в большей или меньшей степени. Напри- мер, не может проявиться в различной степени признак в слове *деревянный: деревянный дом, деревянный ящик, деревянная ложка, деревянная пуговица.*

Относительные прилагательные обозначают материал, из которого сделан, состоит предмет *(глиняный, каменный)*, пространственные, вре- менные признаки предмета *(здешний, город- ской, вчерашний, январский)* и др.

Относительные прилагательные не имеют степеней сравнения, краткой формы и не сочетаются с наречием *очень.*

77. ПРИТЯЖАТЕЛЬНЫЕ ПРИЛАГАТЕЛЬНЫЕ

Притяжательные прилагательные обозначают принадлежность чего-либо лицу или животному и отвечают на вопросы чей? чья? чье?

Притяжательные прилагательные имеют суффиксы *-ов (-ев), -ин (-ын), -ий* (а в косвенных падежах мужского рода и во всех падежах женского и среднего рода *-й-*): *отец – отцов, Люда – людин, волк – волчий, волчья* (на письме суффикс *-й-* и окончание *-а* обозначаются одной буквой *я*), *волчье* (буквой *е* обозначены суффикс *-й-* и окончание *-е*).

Притяжательные прилагательные мужского рода в именительном и винительном падежах единственного числа имеют нулевое окончание *(волчий, папин)*, а среднего и женского рода в единственном и во множественном числе имеют окончания кратких прилагательных *(волчья, волчье; папина, папино);* в остальных падежах эти прилагательные имеют такие же окончания, как и у качественных и относительных прилагательных.

78. МОРФОЛОГИЧЕСКИЙ РАЗБОР ИМЕНИ ПРИЛАГАТЕЛЬНОГО

План разбора.

1. Часть речи. Общее значение.
2. Морфологические признаки: 1). Начальная форма (именительный падеж единственного числа мужского рода). 2). Постоянные признаки: качественное, относительное

или притяжательное. 3. Непостоянные признаки: 1) у качественных: а) степень сравнения, б) краткая или полная форма; 2) у всех прилагательных: а) падеж, б) число, в) род (в ед. числе).

3. Синтаксическая роль.

Образец разбора

Чиста³ небесная лазурь. Теплей и ярче солнце стало.

(А. Н. Плещеев.)

Устный разбор

Чиста (лазурь) – имя прилагательное.

Во-первых, оно обозначает признак предмета: *лазурь* (какова?) *чиста*. Начальная форма – *чистый*.

Во-вторых, имеет постоянный морфологический признак – качественное.

Здесь употреблено в краткой форме, в единственном числе, в женском роде – это его непостоянные признаки.

В-третьих, в предложении является сказуемым.

Письменный разбор

Чиста (лазурь) – прилаг.

1. *Лазурь* (какова?) *чиста*. Н. ф. – *чистый*.

2. Пост. – качеств.; непост.: в кратк. форме, в ед.ч., в ж. р.

3. К а к о в а? *чиста*.

79. *НЕ* С ПРИЛАГАТЕЛЬНЫМИ

Не с полными и краткими качественными прилагательными пишется с л и т н о: 1) если слово не употребляется без *не*; 2) если прилагательное с *не* может быть заменено синонимом без *не* или близким по значению выражением.

Неряшливый, неряшлив (не употр. без не). Нелживый (правдивый). Мальчик нелжив (правдив).

Не с полными и краткими прилагательными пишется р а з д е л ь н о: 1) если в предложении есть противопоставление с союзом *а*; 2) если к прилагательным относятся слова *совсем не, далеко не, вовсе не, ничуть не, нисколько не.*

Не правдивый, а лживый; не правдив, а лжив.
Нисколько не интересная книга; книга нисколько не интересна.

80. БУКВЫ *О* И *Е* ПОСЛЕ ШИПЯЩИХ И *Ц* В СУФФИКСАХ ПРИЛАГАТЕЛЬНЫХ

В суффиксах прилагательных, образованных от существительных, после шипящих и *ц* под ударением пишется буква *о*, без ударения – буква *е*.

Ежо́вый (еж), вещево́й (вещь), лицево́й (лицо), торцо́вый (торец).

81. ОДНА И ДВЕ БУКВЫ *Н* В СУФФИКСАХ ПРИЛАГАТЕЛЬНЫХ

Две буквы *н* **пишутся: 1) в прилагательных, образованных при помощи суффикса** *-н-* **от существительных с основой на** *-н-*; **2) в прилагательных, образованных от существительных при помощи суффиксов** *-онн-, -енн-.* **Исключение:** *ветреный.*

Каменный (камень). Безветренный. Ветреный (искл.).

Одна буква *н* **пишется: 1) в суффиксе** *-ин-* **2) в суффиксе** *-ан- (-ян)* **прилагательных, образованных от существительных. Исключения:** *оловянный, деревянный, стеклянный.*

Лебединый. Серебряный. Оловянный (искл.).

В кратких прилагательных пишется столько же букв *н*, **сколько и в полных.**

Даль туманна.

Примечания. 1. Сложные прилагательные с первой основой от существительных на *н* типа *машиностроительный завод (завод по строительству машин)* пишутся с одним *н*. (Сравните: *вагонно-паровозный парк,* то есть *вагонный* и *паровозный*).

2. Прилагательное *ветреный* пишется с одним *н*, а все приставочные образования от слова *ветер* – с двумя *н*, например: *безветренный.*

82. РАЗЛИЧЕНИЕ НА ПИСЬМЕ СУФФИКСОВ ПРИЛАГАТЕЛЬНЫХ -К- И -СК-

Суффикс -к- пишется: 1) в прилагательных, имеющих краткую форму; 2) в прилагательных, образованных от некоторых существительных с основой на -к-, -ч-, -ц-.

В других прилагательных пишется суффикс -ск-.

Резкий (резок). Ткацкий (ткач). Киргизский (киргиз).

83. ДЕФИСНОЕ И СЛИТНОЕ НАПИСАНИЕ СЛОЖНЫХ ПРИЛАГАТЕЛЬНЫХ

Сложные прилагательные пишутся через дефис или слитно.

Дефис употребляется, если сложное прилагательное 1) обозначает оттенки цветов: *желто-синий, ярко-красный;* 2) образовано от сложных существительных, которые пишутся через дефис: *юго-западный (юго-запад), алма-атинский (Алма-Ата);* 3) образовано путем сложения равноправных слов, между которыми можно вставить союз *и: горько-соленый (горький и соленый), мясо-молочная (мясная и молочная), русско-английский (русский и английский).*

Слитно пишутся сложные прилагательные, которые образованы на основе словосочетания: *железнодорожный – железная дорога; народнохозяйственный – народное хозяйство.*

Желто-синий (цвет). Юго-западный (юго-запад). Алма-атинский (Алма-Ата). Горько-солоный (горький и соленый). Железнодорожный (железная дорога).

Примечание. Имена прилагательные, образованные от собственных существительных с дефисом, пишутся без дефиса, если при образовании прилагательных используется приставка: *Алма-Ата, но заалматинский.*

ГЛАГОЛ

84. ГЛАГОЛ КАК ЧАСТЬ РЕЧИ

1. Глагол – это часть речи, которая обозначает действие и отвечает на вопросы что делать? что сделать?

2. Глаголы бывают несовершенного и совершенного вида.

Глаголы изменяются по временам: бывают в форме настоящего, прошедшего или будущего времени. В настоящем и будущем времени глаголы изменяются по лицам и числам, а в прошедшем времени – по числам и родам (в единственном числе).

3. В предложении глагол обычно бывает сказуемым и согласуется с подлежащим.

---

1 лицо - я иду, мы идем;
2 лицо - ты идешь, вы идете;
3 лицо - он идет, они идут.

85. *НЕ* С ГЛАГОЛАМИ

Не пишется с глаголами раздельно. Исключение составляют те глаголы, которые не употребляются без *не.*
Не был. Ненавидеть (искл.).

86. НЕОПРЕДЕЛЕННАЯ ФОРМА ГЛАГОЛА

Глаголы в неопределенной форме отвечают на вопрос **что делать?** или **что сделать?** Это начальная форма глагола; она не показывает ни времени, ни числа, ни лица, ни рода.

Неопределенная форма глагола имеет окончание **-ть, -ти**[1] и нулевое окончание в глаголах на **-чь**.

В неопределенной форме после буквы **ч** пишется мягкий знак.

Беречь (что делать?). *Беречься.*

87. ПРАВОПИСАНИЕ *-ТСЯ* И *-ТЬСЯ* В ГЛАГОЛАХ

Если глагол отвечает на вопросы **что делает?** (**что сделает?**) или **что делают?** (**что сделают?**), то этот глагол стоит в 3-м лице и в нем перед **-ся** буква **ь** не пишется. Если глагол отвечает на вопросы **что делать?**, **что сделать?**, то это глагол в неопределенной форме и в нем перед **-ся** буква **ь** пишется.

Способны (что делать?) *учиться* (неопр. ф.). *Брат* (что делает?) *учится* (3-е л.).

88. БУКВЫ *Е* – *И* В КОРНЯХ С ЧЕРЕДОВАНИЕМ

В корнях с чередованием **е** – **и** пишется буква **и**, если после корня стоит суффикс **-а-**.

Расстилать. Расстелить (нет суффикса *-а-*).

---

1. Существуют научные школы (например, профессор, д.ф.н. Бабайцева В.В.; профессор, д.ф.н. Чеснокова Л.Д.), которые **-ть, -ти** позиционируют как суффикс.

89. ВИДЫ ГЛАГОЛА. ВИДОВЫЕ ПАРЫ

Глаголы бывают совершенного или несовершенного вида.

Глаголы **несовершенного** вида отвечают на вопросы: **что делать? что делал? что делаю? что буду делать?**

Глаголы **совершенного** вида отвечают на вопросы: **что сделать? что сделал? что сделаю?**

Глаголу одного вида может соответствовать глагол другого вида с близким лексическим значением. Такие глаголы образуют **видовые пары**, например: *расти – вырасти, завершать – завершить.*

90. ПРОШЕДШЕЕ ВРЕМЯ ГЛАГОЛА

Глаголы в прошедшем времени обозначают действия, которые произошли или происходили в прошлом.

Глаголы в прошедшем времени изменяются по числам, а в единственном числе – по родам.

Для образования прошедшего времени обычно служит суффикс *-л-.*

В прошедшем времени перед суффиксом *-л-* пишется та же гласная, что и в неопределённой форме.

Посеял (посеять).

61

91. НАСТОЯЩЕЕ ВРЕМЯ

Формы настоящего времени имеют только глаголы несовершенного вида.

> **Глаголы в форме настоящего времени обозначают действия, происходящие в момент речи.**
>
> **Настоящее время не имеет особых морфологических показателей, оно характеризуется наличием личных окончаний** *(пою, поёшь, поёт, поём, поёте, поют).*

Глагол в настоящем времени может обозначать действие как постоянное свойство предмета *(медь плавится)* или совершающееся постоянно *(Земля вращается вокруг Солнца).*

92. БУДУЩЕЕ ВРЕМЯ

> **Глаголы в форме будущего времени обозначают действия, которые произойдут или будут происходить в будущем.**
>
> **Будущее время имеет две формы: п р о с т у ю и с л о ж н у ю. От глаголов совершенного вида образуется будущее простое** *(построю),* **от глаголов несовершенного вида – будущее сложное** *(буду строить).*

93. СПРЯЖЕНИЕ ГЛАГОЛОВ. ЛИЧНЫЕ ОКОНЧАНИЯ ГЛАГОЛОВ

Изменение глаголов по лицам и числам называется спряжением.

Глаголы 1 спряжения имеют окончания: *-у (-ю), -ешь (-ёшь), -ет (-ёт), -ем (-ём), -ете (-ёте), -ут (-ют).*

Глаголы 2 спряжения имеют окончания: *-у (-ю), -ишь, -ит, -им, -ите, -ат (-ят).*

94. КАК ОПРЕДЕЛИТЬ СПРЯЖЕНИЕ ГЛАГОЛА С БЕЗУДАРНЫМ ЛИЧНЫМ ОКОНЧАНИЕМ

Если у глагола безударное личное окончание, нужно:

1) поставить глагол в неопределенной форме, например:

стро́ите - стро́ить;

2) определить, какая гласная стоит перед *-ть.*

Ко 2 спряжению относятся:

а) все глаголы на -ить *(кроме брить, стелить);*

б) 7 глаголов на *-еть: терпеть, вертеть, обидеть, зависеть, ненавидеть, видеть, смотреть;*

в) 4 глагола на *-ать: держать, слышать, дышать, гнать.*

Все остальные глаголы *(на -еть, -ать, -оть, -уть, -ыть и др.)* относятся к 1 спряжению.

Бо́рется (боро́ться) – 1 спр.

Зави́сит (зави́сеть) – 2 спр., искл.

95. РАЗНОСПРЯГАЕМЫЕ ГЛАГОЛЫ

Глаголы *хотеть, бежать* относятся к разноспрягаемым: часть форм имеет окончания первого спряжения, часть – второго. Глагол *хотеть* в единственном числе настоящего времени изменяется по первому спряжению, во множественном числе – по второму спряжению: *хочу, хочешь, хочет; хотим, хотите, хотят*. Глагол *бежать* спрягается так: *я бегу, ты бежишь, он бежит, мы бежим, вы бежите, они бегут*.

96. ГЛАГОЛЫ ПЕРЕХОДНЫЕ И НЕПЕРЕХОДНЫЕ

Глаголы делятся на переходные и непереходные.

Глаголы, которые сочетаются или могут сочетаться с существительным, числительным или местоимением в винительном падеже без предлога, называются переходными. Остальные глаголы являются непереходными.

Дополнение (существительное или местоимение) может стоять при переходном глаголе в родительном падеже: 1) при отрицании; 2) при указании на часть предмета.

97. ВОЗВРАТНЫЕ ГЛАГОЛЫ

Возвратные глаголы имеют следующие отличия:

1. Все возвратные глаголы имеют на конце суффикс *-ся* (после согласного) или *-сь* (после гласного). Например: *добиваться, добились, добилась; смеркаться*.

Примечание. Суффикс *-ся* – бывшее возвратное местоимение; он имеет значение *"себя"*.

2. Все возвратные глаголы являются непереходными. Переходный глагол после присоединения к нему суффикса *-ся* превращается в непереходный глагол. Например: *встревожить отца – встревожиться, прославить имя героя – прославиться, развить мастерство – развиться*.

Примечание. Многие невозвратные глаголы, становясь возвратными (благодаря прибавлению суффикса *-ся*), приобретают другое значение. Например: *положить книгу в шкаф – положиться (довериться, надеяться) на товарищей; находить книгу (обнаруживать) – находиться в Москве (пребывать)*.

98. НАКЛОНЕНИЯ ГЛАГОЛА. ИЗЪЯВИТЕЛЬНОЕ НАКЛОНЕНИЕ

Глаголы изменяются по наклонениям. Наклонений глагола три: изъявительное, условное (сослагательное) и повелительное.

Глаголы в изъявительном наклонении обозначают действия, которые происходили, происходят или будут происходить на самом деле: *создаю, создавал, буду создавать, создал, создам*.

Глаголы в изъявительном наклонении изменяются по временам, т. е. бывают в настоящем, прошедшем и будущем времени.

В настоящем и будущем времени гласная конца основы неопределенной формы иногда отсекается, например:

писать – пишу, написать – напишу.

99. УСЛОВНОЕ (СОСЛАГАТЕЛЬНОЕ) НАКЛОНЕНИЕ

> **Глаголы в условном (сослагательном) наклонении обозначают действия, желаемые или возможные при определенных условиях.**

Глаголы в условном наклонении образуются от основы неопределенной формы при помощи суффикса *-л-* и частицы *бы (б)*.

Эта частица может стоять после глагола и перед ним, может быть отделена от глагола другими словами.

Глаголы в условном наклонении изменяются по числам и в единственном числе – по родам.

Поехали бы, сыграла б.

100. ПОВЕЛИТЕЛЬНОЕ НАКЛОНЕНИЕ

От ряда глаголов повелительное наклонена не образуется *(мочь, хотеть, слышать, гнить и др.).*

Глаголы в повелительном наклонении обозначают такие действия, которые кто-то заставляет или просит выполнить (*учись, готовься*).

Глаголы в повелительном наклонении употребляются обычно в форме 2-го лица единственного и множественного числа. Глаголы в повелительном наклонении не изменяются по временам.

Формы глаголов в повелительном наклонении образуются от основы настоящего или будущего времени с помощью суффикса *-и-* или без суффикса. Глаголы в повелительном наклонении в единственном числе имеют нулевое окончание, а во множественном числе – *-те*.

На конце глагола в повелительном наклонении после мягких согласных пишется буква *ь*.

Мягкий знак в повелительном наклонении сохраняется перед суффиксом *-ся* и окончанием *-те*. Исключение: *ляг, лягте*.

Познакомь, познакомьте, познакомься (повелит.). Отрежь, отрежьте (повелит.). Ляг, лягте (искл.).

Во 2-м лице во множественном числе *-ите* пишется: 1) в повелительном наклонении, 2) в изъявительном наклонении у глаголов 2 спряжения; *-ете* пишется только в изъявительном наклонении у глаголов 1 спряжения.

Повелительное наклонение имеет также формы 3-го лица единственного и множественного числа (*пускай поет, пускай поют*) и 1-го лица множественного числа (*споем*).

101. ФОРМЫ ЛИЦА. БЕЗЛИЧНЫЕ ГЛАГОЛЫ

В настоящем и будущем времени изъявительного наклонения формы лица образуются с помощью личных окончаний *(я пиш-у, ты пиш-ешь, мы пиш-ем)*. В прошедшем времени и в условном наклонении глагол не имеет личных окончаний – лица обозначаются только личными местоимениями *(я писал, ты писал, они писали бы, мы писали бы)*.

Глаголы, которые обозначают действия, происходящие сами по себе, без действующего лица (предмета), называются б е з л и ч н ы м и.

В предложении с безличными глаголами нет подлежащего.

Безличные глаголы употребляются только а) в изъявительном наклонении и имеют одну форму для каждого времени: форму 3-го лица единственного числа (настоящего или будущего времени) и форму среднего рода единственного числа (прошедшего времени): *нездоровится, будет нездоровиться, нездоровилось;* б) в условном наклонении также в одной форме: *нездоровилось бы;* в) в неопределенной форме: *нездоровиться.*

102. МОРФОЛОГИЧЕСКИЙ РАЗБОР ГЛАГОЛА

План разбора.

1. Часть речи. Общее значение.
2. Морфологические признаки. 1). Начальная форма

(неопределенная форма). 2). Постоянные признаки: а) вид, б) переходность, в) спряжение. 3). Непостоянные признаки: а) наклонение, б) число, в) время (если есть), г) лицо (если есть), д) род (если есть).

3. Синтаксическая роль

Образец разбора

Работай³ до пôту, так поешь в охôту.

(П о с л о в и ц а).

Устный разбор

Работай – глагол

Во-первых, обозначает действие: (что делай?) *рабо-тай*. Начальная форма – *работать*.

Во-вторых, имеет постоянные морфологические признаки: несовершенный вид, непереходный, 1 спряжение

Здесь употреблен в повелительном наклонении, в единственном числе, во втором лице – это его непостоянные признаки.

В-третьих, в предложении является сказуемым.

Письменный разбор

Работай – глагол.

1. (Что делай?) *работай*. Н. ф. – *работать*.

2. Пост.: несов. вид., неперех., 1 спр.; непост.: в повелит. накл., в ед. ч., во 2-м л.

3. Что делай? *работай.*

103. ПРАВОПИСАНИЕ МЯГКОГО ЗНАКА В ГЛАГОЛАХ ВО 2-М ЛИЦЕ ЕДИНСТВЕННОГО ЧИСЛА

> **Во 2-м лице единственного числа после *ш* пишется мягкий знак.**
> *Учишься* (2-е л., ед. ч.).

104. СПОСОБЫ ОБРАЗОВАНИЯ ГЛАГОЛОВ

Глаголы образуются: 1) приставочным способом: *кричать – закричать*, 2) суффиксальным: *купать – купаться, зеленый – зеленеть* и 3) приставочно-суффиксальным: *двое – удвоить, кричать – раскричаться*.

105. ПРАВОПИСАНИЕ ГЛАСНЫХ В СУФФИКСАХ ГЛАГОЛОВ

Следует отличать суффикс *-ва-* от суффиксов *-ыва- (-ива-), -ова- (ева-)*. Суффикс *-ва-* всегда стоит под ударением. Чтобы определить, какую гласную писать перед суффиксом *-ва-*, надо отбросить суффикс; тогда ударение упадет на гласный звук, и он зазвучит ясно. Например: *придава́ть – прида́ть, пре̲дава̲́ть̲ прода̲́ть, позна̲ва́ть позна́ть, зали̲ва́ться – зали́ться*.

70

Если в настоящем или в будущем времени глагол оканчивается на *-ываю (-иваю)*, то в неопределенной форме и в прошедшем времени надо писать суффикс *-ыва (-ива)*.

Если в настоящем или в будущем времени глагол оканчивается на *-ую (-юю)*, то в неопределенной форме и в прошедшем времени надо писать суффикс *-ова (-ева)*.

Советовать, советовал – советую.

Опаздывать, опаздывал – опаздываю (не на *-ую*).

ИМЯ ЧИСЛИТЕЛЬНОЕ

106. ИМЯ ЧИСЛИТЕЛЬНОЕ КАК ЧАСТЬ РЕЧИ

1. Имя числительное – часть речи, которая обозначает количество предметов, число, а также порядок предметов при счете. Имена числительные отвечают на вопросы сколько? и какой?

2. Имена числительные делятся на количественные и порядковые. Имена числительные изменяются по падежам.

Имена числительные могут быть разными членами предложения.

Числительные, отвечающие на вопрос с к о л ь -к о ?, – количественные.

Числительные, отвечающие на вопрос какой? (какая? какое? какие?), – порядковые.

Имена числительные бывают разными членами предложения: *Два да два* – *четыре; Разделите шесть на три; Мы живем на втором этаже.*

Имя числительное, обозначающее количество, в сочетании с существительными является одним членом предложения: *Два мальчика подошли к школе; Занятия начинаются в девять часов.*

Числовое значение могут иметь, кроме числительных, и другие части речи. Числительные можно записать словами и цифрами, а другие части речи – только словами *(двойник, двойка, двойной).*

107. ПРОСТЫЕ И СОСТАВНЫЕ ЧИСЛИТЕЛЬНЫЕ

Некоторые числа обозначаются одним словом, например: *пять, пятьдесят,* другие – двумя или более словами, например: *двадцать пять, триста пятьдесят семь.* **Числительные, состоящие из одного слова, – п р о с т ы е ; числительные, состоящие из двух или более слов, – с о с т а в н ы е .**

108. РАЗРЯДЫ КОЛИЧЕСТВЕННЫХ ЧИСЛИТЕЛЬНЫХ

Количественные числительные могут обо-значать: а) целые числа: *два, сто десять* (это числи-тельные, обозначающие целые числа); **б) дробные числа:** *две третьих, три четвертых* (это д р о б н ы е числительные); **в)** несколько предметов как одно целое: *двое друзей* (это с о б и р а т е л ь н ы е числитель-ные).

109. МЯГКИЙ ЗНАК НА КОНЦЕ
И В СЕРЕДИНЕ ЧИСЛИТЕЛЬНЫХ

В числительных от *пяти* до *двадцати* и в числительном *тридцать* на конце пишется мягкий знак для обозначения мягкости конечных согласных, как и в существительных на мягкие согласные: *день* [н'] – *семь* [м'], *кость* [т'] – *двадцать* [т'].

В середине числительных *пятнадцать, шестнадцать, семнадцать, восемнадцать и девятнадцать* мягкий знак не пишется.

В именительном и винительном падежах числительных, обозначающих круглые десятки от 50 до 80 и круглые сотни от 500 до 900, после первого корня пишется мягкий знак.

Семьдесят. Семьсот.

110. ЧИСЛИТЕЛЬНЫЕ, ОБОЗНАЧАЮЩИЕ
ЦЕЛЫЕ ЧИСЛА

Имена числительные, обозначающие целые числа, изменяются по падежам.

Простые количественные числительные от *пяти* до *тридцати* склоняются, как существительные 3-го склонения, например: от *восьми* (Р.), к *восьми* (Д.), *восьмью* (Т.).

В родительном, дательном и предложном падежах количественных числительных от 11 до 19 в окончании пишется буква *и*.

К пятнадцати часам.

У сложных слов - числительных от 50 до 80 и от 200 до 900 склоняются обе части.

От 50 до 80	от 500 до 900	200, 300, 400
И. пятьдесят	*пятьсот*	*двести*
Р. пятидесяти	*пятисот*	*двухсот*
Д. пятидесяти	*пятистам*	*двумстам*
В. пятьдесят	*пятьсот*	*двести*
Т. пятьюдесятью	*пятьюстами*	*двумястами*
П. о пятидесяти	*о пятистах*	*о двухстах*

Числительное *сорок* в именительном и винительном падежах имеет нулевое окончание, а во всех остальных падежах – окончание -*а*; числительные *девяносто* и *сто* в именительном и винительном падежах имеют окончание -*о*, а во всех остальных падежах – окончание -*а*.

И., В.,	*сорок*	*девяносто,*	*сто*
Р., Д., Т., П.,	*сорока*	*девяноста*	*ста*

У составного количественного числительного, обозначающего целое число, склоняются все слова, из которых оно состоит, например: *семисот шестидесяти пяти (рублей)* – р. п. *семьюстами шестьюдесятью пятью (рублями)* – тв. п.

74

К количественным числительным относятся слова *полтора, полтораста. Полтораста* обозначает количество предметов, равное ста пятидесяти. Числительное *полтораста* имеет две падежные формы:

И., В., – *полтораста (страниц);*

Р., Д., Т., П., – *полутораста (страниц).*

Числительное *полтора* обозначает количество, равное единице и половине единицы.

В этом числительном в именительном и винительном падежах различаются формы рода *(полтора метра, полторы тонны).* В остальных падежах употребляется форма *полутора (килограммов яблок).*

111. ДРОБНЫЕ ЧИСЛИТЕЛЬНЫЕ

Дробное числительное обычно состоит из двух частей: первая часть называет числитель дроби и представляет собой количественное числительное, вторая часть называет знаменатель дроби и представляет собой порядковое числительное.

При склонении дробных числительных изменяются обе части: первая часть склоняется как числительное, обозначающее целое число, вторая – как прилагательное во множественном числе, например: *к трем пятым* (д. п.), *с тремя пятыми* (тв. п.).

Если дробное числительное обозначает количество, то существительное при нем ставится в родительном падеже, например: *от трех пятых (бассейна, рек), к трем пятым (бассейна, рек).*

112. СОБИРАТЕЛЬНЫЕ ЧИСЛИТЕЛЬНЫЕ

Собирательные числительные *двое, трое, четверо, пятеро, шестеро, семеро, восьмеро, девятеро, десятеро* образованы от числительных, обозначающих целые числа, с помощью суффиксов *-ой-* и *-ер-*: *два – двое* (буква *е* обозначает два звука; звук [й] относится к суффиксу), *пять – пятеро*. **Собирательным является числительное *оба (обе).***

Собирательные числительные сочетаются:

а) с именами существительными, обозначающими лиц мужского пола, детей и детёнышей животных: *четверо мальчиков, пятеро медвежат;*

б) с существительными, употребляющимися только во множественном числе: *двое саней, трое ножниц.*

С именами существительными женского рода сочетается только числительное *обе: обе подруги.*

Собирательные числительные в косвенных падежах имеют такие же окончания, как и прилагательные во множественном числе, например: *с четверыми медвежатами.*

Собирательное числительное *оба (обе)* в мужском и среднем роде в косвенных падежах имеет основу *обо-*, а в женском роде – *обе-*, например: *с обоими мальчиками, но с обеими девочками.*

113. ПОРЯДКОВЫЕ ЧИСЛИТЕЛЬНЫЕ

Порядковые числительные обозначают порядок предметов при счёте и отвечают на вопрос какой? (какая? какое? какие?).

Порядковые числительные образуются, как правило, от числительных, обозначающих целые числа, обычно без суффиксов, например: *шесть – шестой, сто один – сто первый.*

Порядковые числительные, как и прилагательные, изменяются по родам, падежам и числам, например: в *третью* комнату – числительное *третью* стоит в женском роде, в винительном падеже, в единственном числе. В составных порядковых числительных склоняется только последнее слово, например: *в тысяча девятьсот пятом году* (пр. п.).

Окончания порядковых числительных определяются так же, как и окончания прилагательных.

При указании даты после порядкового числительного название месяца ставится в родительном падеже: *к первому сентября, перед десятым октября.*

Порядковое числительное в названиях событий, праздников после слов *праздник, дата, день* ставится в именительном падеже, например: *Готовимся к знаменательной дате Восьмое марта.*

114. МОРФОЛОГИЧЕСКИЙ РАЗБОР ИМЕНИ ЧИСЛИТЕЛЬНОГО

План разбора.

1. Часть речи. Общее значение.

2. Морфологические признаки: 1). Начальная форма (именительный падеж). 2). Постоянные признаки: а) простое или составное; б) количественное или порядковое; в) разряд (для количественных).

3). Непостоянные признаки: а) падеж; б) число (если есть); в) род (если есть).

3. Синтаксическая роль.

Образец разбора

Петя выучил пятнадцать[3] английских слов.

Устный разбор

Пятнадцать – имя числительное.

Во-первых, обозначает количество: выучил (сколько?) *пятнадцать* (слов). Начальная форма – *пятнадцать*.

Во-вторых, имеет постоянные морфологические признаки: простое, количественное.

Здесь употреблено в винительном падеже – это его непостоянный признак.

В-третьих, в предложении входит в состав дополнения *пятнадцать слов*.

Письменный разбор

Пятнадцать – числит.

1. *Выучил* (сколько?) *пятнадцать (слов).*

Н. ф. – *пятнадцать.*

2. Пост.: прост., колич.; непост. – в вин. пад.

3. Что? *пятнадцать.*

Существительные, прилагательные, числительные составляют группу именных частей речи, или имен. Их объединяет изменение по падежам.

МЕСТОИМЕНИЕ

115. МЕСТОИМЕНИЕ КАК ЧАСТЬ РЕЧИ

1. Местоимение – часть речи, которая указывает на предметы, признаки и количества, но не называет их.

2. Местоимения, как правило, изменяются по падежам. Есть местоимения, которые, кроме того, изменяются по родам и числам.

3. В предложении местоимения обычно бывают подлежащими, дополнениями и определениями.

116. РАЗРЯДЫ МЕСТОИМЕНИЙ

Местоимений в русском языке немного, но они часто употребляются. По значению и грамматическим особенностям местоимения делятся на девять разрядов.

Личные	*я, ты*
Возвратное	*себя*
Вопросительные	*кто? что? каков? чей?*
Относительные	*кто, что, каков, чей*
Неопределенные	*некто, кое-кто*
Отрицательные	*никто, ничей*
Притяжательные	*мой, твой, наш*
Указательные	*тот, этот*
Определительные	*весь, самый, другой*

117. ЛИЧНЫЕ МЕСТОИМЕНИЯ

Местоимения 1-го, 2-го и 3-го лица единственного и множественного числа *я, ты, он, она, оно, мы, вы, они* называются л и ч н ы м и.

При склонении личных местоимений иногда меняется все слово, например: в именительном падеже – *я*, а в родительном – совсем другая основа – *меня*. Иногда в корне происходит чередование: *тебя – тобой, меня – мне.*

Местоимение 3-го лица *он* изменяется по родам: *она, оно.*

Местоимения *ты, вы* могут обозначать не определенного человека, а любое лицо.

После предлогов у местоимений 3-го лица появляется *н* (*у него, возле них, около нее*).

118. ВОЗВРАТНОЕ МЕСТОИМЕНИЕ *СЕБЯ*

Возвратное местоимение *себя* указывает на того, кто производит действие, на отношение лица к самому себе. Это местоимение не имеет именительного падежа, не имеет рода и числа, например: *Не хвали сам (сама) себя. Не хвалите сами себя. Возьмите себе.* Оно не имеет лица и может относиться к любому лицу *(я купил себе книгу, ты купил себе книгу, он купил себе книгу и т. д.).*

Если форма *себе* употребляется при глаголе не в качестве дополнения, то она выполняет роль частицы, придавая действию значение независимости, самостоятельности (*...а он себе идет вперед, ступай себе мимо!*).

119. ВОПРОСИТЕЛЬНЫЕ МЕСТОИМЕНИЯ

Вопросительные местоимения *кто?, что?, какой?, который?, каков?, чей?, сколько?* **служат для выражения вопроса о предмете, качестве, принадлежности, количестве предметов и т. д.**

Местоимения *кто?, что?* не имеют рода и числа. Сказуемое-глагол при местоимении *кто?* ставится в мужском роде, даже если вопрос относится к женщине *(кто из учениц отвечал?)*; при местоимении *что?* – только в среднем роде *(что тут произошло?).*

При склонении местоимения *сколько?* ударение сохраняется на основе *(ско́льких?, ско́льким?, ско́лькими?, о ско́льких книгах?).* Как и количественное числительное, это местоимение в именительном и сходном с ним винительном падежах требует от существительного, стоящего при нем, формы родительного падежа *(сколько книг?).* В остальных падежах согласуется с именами существительными.

Вопросительные местоимения *какой?* и *сколько?* могут употребляться с восклицательным оттенком: *Какие перышки! Какой носок!* (Крыл.) *Сколько народу!* (т. е. очень много).

120. ОТНОСИТЕЛЬНЫЕ МЕСТОИМЕНИЯ

Местоимения *кто, что, какой, чей, каков, который, сколько* **являются о т н о с и т е л ь н ы м и , когда они употребляются для связи простых предложений в составе сложных (придаточных с главными).**

В структуре придаточных предложений они выступают в качестве главных или второстепенных членов (*отвечал на вопросы студент, который делал доклад*).

121. НЕОПРЕДЕЛЕННЫЕ МЕСТОИМЕНИЯ

Местоимения *некто, нечто, некоторый, несколько, кое-кто, кто-то, кто-либо, кто-нибудь, кое-какой, какой-то, какой-либо, какой-нибудь, сколько-то, сколько-нибудь* **и др. указывают на неопределенные предметы, признаки, количества и называются неопределенными.**

Значение неопределенных местоимений остается в тексте нераскрытым. Употребляясь без конкретизирующих слов, местоимения этого разряда создают неизвестность, неопределенность:

> *Жалобу кому-то*
> *Ветер шлет на что-то*
> *И бушует люто:*
> *Не услышал кто-то.* (Есен.).

Местоимения *некто, какой-то, некий* при названиях лиц могут вносить оттенок пренебрежительности, безразличия (*какой-то Иванов*).

Неопределенные местоимения, кроме *некто* и *нечто,* изменяются по падежам. Некоторые неопределенные местоимения изменяются также по родам и числам.

Неопределенные местоимения *некто* и *нечего* не склоняются: *некто* употребляется только в именительном падеже, *нечто* – в именительном и винительном (*расскажу нечто интересное*).

Неопределенные местоимения образуются от вопросительных прибавлением приставок *не-, кое-;* суффиксов *-то, -либо, -нибудь (кто – нечто, кое-кто, кто-то, кто-либо, кто-нибудь).*

В неопределенных местоимениях *некто, нечто, некоторый, несколько* приставка *не-* всегда находится под ударением и пишется слитно.

Не́сколько (неопр.).

Неопределенные местоимения с приставкой *кое-* и суффиксами *-то, -либо, -нибудь* пишутся через дефис. Если *кое-* отделяется от местоимения предлогом, то пишется отдельно.

Кто-нибудь, кое-кто, кое у кого.

122. ОТРИЦАТЕЛЬНЫЕ МЕСТОИМЕНИЯ

Отрицательные местоимения *никто, ничто, никакой, ничей, некого, нечего* указывают на отсутствие предмета, признака или качества.

Отрицательные местоимения образуются от вопросительных местоимений путем прибавления приставок *не-* и *ни-*, например: *кто – никто, кого – некого.*

Отрицательные местоимения с приставкой *ни-* встречаются в предложениях, где уже есть отрицание. Они усиливают это отрицание: *ничего никому не сказал; никого не видел.*

Местоимения *некого, нечего* употребляются в безличных предложениях в сочетании с неопределенной формой глагола *(нечего делать, некого спросить).*

Склоняются отрицательные местоимения, как вопросительные. Местоимения *некого, нечего* не имеют формы именительного падежа. Их не следует смешивать с неопределенными местоимениями *некто, нечто*, которые не склоняются.

В отрицательных местоимениях приставка *ни-* безударная. В ней пишется буква *и*.

Никого.

Если *ни-* и *не-* отделяются от местоимения предлогом, то они в отрицательных местоимениях пишутся раздельно.

Ни у кого. Не с кем.

Следует различать словосочетания *не кто иной, как; не что иное, как; никто иной; ничто иное.*

Сочетания *не кто иной, как* и *не что иное, как* употребляются в предложениях, где нет другого отрицания. Частица *не* в этих сочетаниях пишется отдельно, так как не входит в состав местоимения и после нее возможна перестановка слов *(не кто иной, как – не иной кто, как)*. Эти сочетания имеют значение частиц *именно, только* и потому не являются членами предложения, например: *Это был не кто иной, как наш бочар Вавила.* (Т.) (Ср.: *Это был не кто иной, а наш бочар Вавила).*

Сочетания *никто иной* и *ничто иное* употребляются в предложениях, где обычно уже есть отрицание; после них

84

не бывает союза *как*, но впереди или позади может быть выражение с предлогом *кроме*. Частица *ни* в этих сочетаниях пишется слитно, так как входит в состав местоимения, поэтому в таких сочетаниях не может быть перестановки слов. Местоимения *никто* и *ничто* являются подлежащими или дополнениями в отрицательных предложениях, например: 1). *Никто иной, кроме вас, этого не сделает.* 2). *Кроме музыки, ничто иное его не занимало.* 3). *Он ничем иным не интересуется.*

Вместо *иной, иное* во всех четырех сочетаниях может быть слово *другой, другое: не кто другой, как; ничто другое* и т. д.

123. ПРИТЯЖАТЕЛЬНЫЕ МЕСТОИМЕНИЯ

Притяжательные местоимения *мой, твой, свой, наш, ваш* обозначают принадлежность предмета разным лицам.

Для обозначения принадлежности 3-му лицу употребляются формы родительного падежа личного местоимения: *его, ее, их.*

Притяжательные местоимения изменяются по родам, числам и падежам, как имена прилагательные, и согласуются с существительными, выступая при них в роли определений.

Притяжательные местоимения *свой, своя, свое, свои* относятся не только к 3-му, но также к 1-му и 2-му лицу: *Я выполнил свою работу; ты принес свои книги; он приготовил свои уроки; вы берете свои материалы.* Употребление в этих случаях при местоимениях 1-го и 2-го лица форм *мой, твой* не соответствует нормам литературного языка (нельзя: *ты принес твою книгу*).

Местоимение *ваш (ваша, ваше, ваши)* может употребляться как форма вежливого обращения к одному лицу, тогда оно пишется с прописной буквы *(письмо Ваше получил)*.

124. УКАЗАТЕЛЬНЫЕ МЕСТОИМЕНИЯ

Указательные местоимения *тот, этот, такой, таков* (устаревшие *сей, оный*), *столько* указывают на предметы или на их качества.

Указательные местоимения выступают в роли определений при существительных, с которыми согласуются в роде, числе и падеже. Местоимение *таков* изменяется по родам и числам, как краткое прилагательное, выступает в предложении в роли сказуемого *(да и был таков)*.

Указательное местоимение *это,* употребленное без существительного, само приобретает значение имени существительного *(на столе лежал какой-то предмет; это* (т. е. предмет) *было зеркало).*

Слово *это* употребляется при сказуемом в значении частицы-связки *(учеба – это труд);* в разговорной речи может выступать в роли частицы *(куда это родители смотрят?!).*

Устаревшее местоимение *сей* входит в состав известных устойчивых оборотов: *до сих пор, сию минуту, от сих до сих.*

125. ОПРЕДЕЛИТЕЛЬНЫЕ МЕСТОИМЕНИЯ

Определительные местоимения *весь, всякий, каждый, сам, самый, любой, иной, другой* выполняют функцию обобщенно-качественных определений.

Определительные местоимения изменяются по родам, падежам и числам.

Местоимение *весь (вся, все, всё)* близко к именам прилагательным, может в предложении выступать в роли существительного (подлежащего): *Всё было тихо, все уснули.* В форме среднего рода оно может иметь значение усилительной частицы: *Всё мрачней и ниже тучи опускаются над морем.* (М. Г.); *Ты всё пела* (Кр.). В форме родительного падежа оно сочетается с прилагательными в сравнительной степени и образует сложную превосходную степень: *Я ль на свете всех милее, всех румяней и белее?* (Пушк.)

Слово *самый*, употребляясь вместе с прилагательными, образует сложную превосходную степень: *Самая худшая бедность – недостаток ума.* (Посл.).

При именах существительных оно усиливает временное или пространственное значение *(самый верх, в самый полдень).*

Следует различать склонение определительных местоимений *самый* и *сам*. Местоимение *самый* склоняется по типу прилагательных с твердой основой, сохраняя ударение на основе *(самый, самого);* местоимение *сам* в единственном числе склоняется по твердому варианту прилагательных (кроме творительного падежа с окончанием *-им),* во множественном числе – по мягкому варианту. Ударение во всех формах на окончании *(сам – самого́, сами – сами́х* и т. д.).

87

126. МОРФОЛОГИЧЕСКИЙ РАЗБОР МЕСТОИМЕНИЯ

План разбора

1. Часть речи. Общее значение.

2. Морфологические признаки. 1). Начальная форма (именительный падеж единственного числа). 2). Постоянные признаки: а) разряд, б) лицо (у личных местоимений). 3). Непостоянные признаки: а) падеж, б) число (если есть), в) род (если есть).

3. Синтаксическая роль.

Образец разбора

К кому-то[3] принесли от мастера ларец.

(И. А. Крылов).

Устный разбор

(К) кому-то – местоимение.

Во-первых, указывает на предмет: *принесли* (к кому?) *(к) кому-то.* Начальная форма – *кто-то.*

Во-вторых, имеет постоянный морфологический признак – неопределенное.

Здесь употреблено в дательном падеже – это его непостоянный признак.

В-третьих, в предложении является дополнением.

Письменный разбор

(К) кому-то – мест.

1. *Принесли* (к к о м у?) *(к) кому-то.* Н. ф. – *кто-то.*

2. Пост. – неопредел.; непост. - в д, п,

3. К кому? *к кому-то.*

ПРИЧАСТИЕ

127. ПРИЧАСТИЕ КАК ЧАСТЬ РЕЧИ

Причастие обладает свойствами и глагола, и прилагательного.

Причастия, как и глаголы, имеют вид (совершенный и несовершенный), время (настоящее и прошедшее). *Летящий шарик (тот, который летит)* – причастие несовершенного вида, настоящего времени; *лопнувший шарик (тот, который лопнул)* – причастие совершенного вида, прошедшего времени.

Зависимые существительные и местоимения стоят при причастиях в том же падеже, что и при глаголе. Например, *летящий в небе (летит в небе)* – зависимое существительное стоит, как и при глаголе, в предложном падеже.

Причастия, как и прилагательные, изменяются по падежам, числам и родам. Например, в предложении *Дети следили за летящим шариком* причастие *летящим* стоит в мужском роде, в единственном числе, в творительном падеже.

1. Причастие – самостоятельная часть речи, которая обозначает проявляющийся во времени признак предмета по действию и отвечает на вопросы какой? какая? какое? какие?

2. Причастия бывают совершенного и несовершенного вида, настоящего и прошедшего времени. Причастия обычно изменяются по падежам, числам и родам.

3. Причастие в предложении обычно является определением, реже – сказуемым.

128. СКЛОНЕНИЕ ПРИЧАСТИЙ

Причастия имеют такие же окончания, как и имена прилагательные, например: *с синего, синеющего (неба)* – родительный падеж; *на синем, синеющем (небе)* – предложный падеж.

Гласные в падежных окончаниях причастий определяются так же, как в окончаниях прилагательных.

(К а к и м?) *Приближающимся ураганом* (м. р., Т.).(В каком?) *В бушующем море* (ср. р., П.).

---

129. ПРИЧАСТНЫЙ ОБОРОТ

Причастие с зависимыми словами называется причастным оборотом.

Причастный оборот является одним членом предложения.

В причастный оборот не входит определяемое им существительное.

Листья, опавшие с тополя, покрывали дорожку.

130. ЗАПЯТЫЕ ПРИ ПРИЧАСТНОМ ОБОРОТЕ

Если причастный оборот стоит после определяемого слова, то он выделяется на письме запятыми.

Искры, (к а к и е?) ярко пылающие, были похожи на звезды.

(К а к и е?) Ярко пылающие искры были похожи на звезды.

Причастный оборот должен стоять до или после слова, к которому относится. Между словами, входящими в причастный оборот, не должно быть других слов, не относящихся к этому обороту. Например: *Шум моря, доносившийся снизу, говорил о покое.* (Ч.) Или: *Доносившийся снизу шум моря говорил о покое* (но неправильно: *Доносившийся шум моря снизу говорил о покое*).

131. ДЕЙСТВИТЕЛЬНЫЕ И СТРАДАТЕЛЬНЫЕ ПРИЧАСТИЯ

Причастия, обозначающие признак того предмета, который сам производит действие, называются действительными.

Девочка, одевающая куклу.

Причастия, обозначающие признак того предмета, который испытывает на себе действие со стороны другого предмета, называются страдательными.

Кукла, одеваемая девочкой.

132. ДЕЙСТВИТЕЛЬНЫЕ ПРИЧАСТИЯ НАСТОЯЩЕГО ВРЕМЕНИ

Действительные причастия настоящего времени образуются от основ настоящего времени переходных и непереходных глаголов несовершенного вида при помощи суффиксов -ущ- (-ющ-) (от глаголов 1 спряжения) и -ащ- (-ящ-) (от глаголов 2 спряжения).

Нес-ут – нес-ущ-ий, работа-ют – работа-ющ-ий. Дышат – дыш-ащ-ий, крас-ят – крас-ящ-ий.

Действительные причастия настоящего времени, образованные от возвратных глаголов, сохраняют суффикс *-ся*.

Борются – бор-ющ-ий-ся.

Поскольку глаголы совершенного вида не имеют форм настоящего времени, они не образуют действительных причастий настоящего времени.

133. ГЛАСНЫЕ В СУФФИКСАХ ДЕЙСТВИТЕЛЬНЫХ ПРИЧАСТИЙ НАСТОЯЩЕГО ВРЕМЕНИ

В суффиксах действительных причастий настоящего времени *-ущ-(-ющ-)* и *-ащ-(-ящ-)* пишутся: 1) буквы *у* или *ю*, если причастие образовано от глагола 1 спряжения, и 2) буквы *а* или *я*, если причастие образовано от глагола 2 спряжения.

Борющийся (*бороться*, 1 спр.), *тянущий* (*тянуть*, 1 спр.).

Любящий (*любить*, 2 спр.), *лечащий* (*лечить*, 2 спр.).

134. ДЕЙСТВИТЕЛЬНЫЕ ПРИЧАСТИЯ ПРОШЕДШЕГО ВРЕМЕНИ

Действительные причастия прошедшего времени образуются от основ неопределенной формы переходных и непереходных глаголов совершенного и несовершенного вида при помощи суффиксов *-вш-*, *-ш-*. Суффикс *-вш-* присоединяется к основам, которые оканчиваются на гласную, а суффикс *-ш-* к основам, которые оканчиваются на согласную.

Стро-ить – стро-и-вш-ий, нести – нёсший?
Нес-ти – нес-ш-ий, вез-ти – вез-ш-ий.

У некоторых глаголов на *-сти* действительные причастия прошедшего времени образуются от основы настоящего (будущего) времени, например: *вес-ти – вед-ут – вед-ш-ий; зацвес-ти – зацвет-ут – зацвет-ш-ий.*

Действительные причастия прошедшего времени, образованные от возвратных глаголов, сохраняют суффикс *-ся.*

Расколо-ть-ся - расколо-вш-ий-ся.

Следует помнить, что действительные причастия прошедшего времени совершенного вида образуются от глаголов совершенного же вида, а действительные причастия прошедшего времени несовершенного вида образуются от глаголов несовершенного вида.

135. СТРАДАТЕЛЬНЫЕ ПРИЧАСТИЯ НАСТОЯЩЕГО ВРЕМЕНИ

Страдательные причастия настоящего времени образуются от основ настоящего времени переходных глаголов несовершенного вида при помощи суффиксов *-ем- (-ом-)* (от глаголов 1 спряжения) и *-им-* (от глаголов 2 спряжения).

Чита-ют – чита-ем-ый, вед-ут – вед-ом-ый.
Гон-ят – гон-им-ый.

Примечание. В книжной речи от немногих глаголов 1 спряжения образуются страдательные причастия настоящего времени с суффиксом *-ом-,* например, *вести – вед-ут – вед-ом-ый.*

136. ГЛАСНЫЕ В СУФФИКСАХ СТРАДАТЕЛЬНЫХ ПРИЧАСТИЙ НАСТОЯЩЕГО ВРЕМЕНИ

> В суффиксах страдательных причастий настоящего времени *-ем-* и *-им-* пишется: 1) буква *е*, если причастие образовано от глагола 1 спряжения, 2) буква *и*, если причастие образовано от глагола 2 спряжения.
>
> *Видимый* (*видеть*, 2 спр.), *увлекаемый* (*увлекать*, 1 спр.).

137. СТРАДАТЕЛЬНЫЕ ПРИЧАСТИЯ ПРОШЕДШЕГО ВРЕМЕНИ

Страдательные причастия прошедшего времени образуются от основ неопределенной формы переходных глаголов совершенного и несовершенного вида при помощи суффиксов *-нн-*, *-енн- (-ённ-)* и *-т*. При помощи суффикса *-нн-* причастия образуются только от основ глаголов на *-ать (-ять)*.

Конечная гласная основы глагола в неопределенной форме перед суффиксом *-енн- (-ённ-)* обычно отсекается.

Прочита-ть - прочита-нн-ый.
Увиде-ть - увид-енн-ый, реши-ть -реш-ённ-ый.
Поня-ть - поня-т-ый.

В основе глагола перед суффиксом *-енн- (-ённ-)* иногда происходит чередование согласных.

Разбуди-ть – разбуж-енн-ый, освети-ть – освещ-ённ-ый.

138. КРАТКИЕ СТРАДАТЕЛЬНЫЕ ПРИЧАСТИЯ

**Страдательные причастия настоящего и про-
шедшего времени имеют полную и краткую
форму**

В краткой форме они изменяются по числам, например: *(шум) заглушаем – (шумы) заглушаемы; (выстрел)
услышан – (выстрелы) услышаны,* а в единственном
числе – по родам, например: *(шум) заглушаем; (прось-
ба) услышана; (приказание) отдано.*

Суффиксам *-нн-* и *-енн- (-ённ-)* полных страдательных причастий соответствуют суффиксы *-н-* и *-ен- (-ён-)*
кратких:

*убранная – убрана (рожь), засушенная – засушена
(трава).*

Остальные краткие страдательные причастия имеют те же суффиксы, что и полные:

*любимые – любимы (товарищами), расколотые –
расколоты (дрова).*

В предложении краткие страдательные причастия
являются сказуемыми:

Значок приколот; Кустарник вырублен.

Краткие причастия настоящего времени употребляются
редко и обычно заменяются глаголами:

он всеми любим – его все любят.

139. МОРФОЛОГИЧЕСКИЙ РАЗБОР ПРИЧАСТИЯ

План разбора

1. Часть речи (особая форма глагола). Общее значение.
2. Морфологические признаки. 1). Начальная форма
(именительный падеж единственного числа мужского рода).

2). Постоянные признаки: а) действительное или страдательное; б) время; в) вид. 3). Непостоянные признаки: а) полная или краткая форма (у страдательных причастий); б) падеж (у причастий в полной форме); в) число; г) род.

3. Синтаксическая роль.

Образец разбора

Остывшая³ за ночь степь окутана сизым туманом.

Устный разбор

Остывшая – особая форма глагола – причастие.

Во-первых, обозначает признак по действию: *степь* (какая?) *остывшая.* Начальная форма – *остывший.*

Во-вторых, имеет постоянные морфологические признаки: действительное, прошедшего времени, совершенного вида.

Здесь употреблено в именительном падеже, в единственном числе, в женском роде – это его непостоянные признаки.

В-третьих, в предложении является определением.

Письменный разбор

Остывшая – особая форма глагола – причастие.

1. *Степь* (к а к а я?) *остывшая.* Н. ф. – *остывший.*

2. Пост. – действ., прош. вр., сов. вид; непост. – им. п., ед, ч,, ж. р.

3. Какая? *остывшая.*

140. РАЗЛИЧИЯ МЕЖДУ ПРИЧАСТИЯМИ И ПРИЛАГАТЕЛЬНЫМИ, ОБРАЗОВАННЫМИ ОТ ГЛАГОЛОВ

Прилагательные обозначают постоянный признак и не имеют пояснительных слов. Причастия обозначают временный признак и могут иметь пояснительные слова.

Прилагательные: *жареное мясо, вяленая рыба.*

Причастия: *жаренное на сале мясо, вяленная на солнце рыба.*

141. ОДНА И ДВЕ БУКВЫ *Н* В СУФФИКСАХ СТРАДАТЕЛЬНЫХ ПРИЧАСТИЙ ПРОШЕДШЕГО ВРЕМЕНИ И ПРИЛАГАТЕЛЬНЫХ, ОБРАЗОВАННЫХ ОТ ГЛАГОЛОВ

Две буквы *н* пишутся в суффиксах полных причастий и прилагательных, образованных от глаголов:

1) если в них есть приставки, кроме *не-*;

2) если в слове есть суффикс *-ова- (ева-)*;

3) если к ним относятся зависимые слева;

4) если слово образовано от бесприставочного глагола совершенного вида, кроме слова *раненый*.

Закрученная (нитка). Маринованные (огурцы).

Сеянная сеялкой (пшеница). Решенная (задача).

Одна буква *н* пишется в полных прилагательных, образованных от глаголов:

1) без приставок или с приставкой *не-*;

2) без суффикса *-ова- (ева)*;

3) без зависимых слов.

Крашеный. Раненый боец (искл.).

Слова *желанный, священный, нечаянный, невиданный, неслыханный, нежданный, негаданный* и некоторые другие, определяемые в словарном порядке, пишутся с двумя *н*.

Слова *названый (брат), приданое, смышленый (мальчик)* – с одним.

Примечание. Существительные на *-ник, -ниц-а*, образованные от глагольных прилагательных с одним или двумя *н* или от страдательных причастий, соответственно пишутся с одним или двумя *н*: *путаный – путаник – путаница; ученый – ученик – ученица; вареный – вареник, но: воспитанный – воспитанник; посланный – посланник; утопленный – утопленник.*

142. ОДНА И ДВЕ БУКВЫ *Н* В СУФФИКСАХ КРАТКИХ СТРАДАТЕЛЬНЫХ ПРИЧАСТИЙ И В КРАТКИХ ПРИЛАГАТЕЛЬНЫХ, ОБРАЗОВАННЫХ ОТ ГЛАГОЛОВ

Одна буква *н* пишется в суффиксах кратких страдательных причастий.

Ошибка исправлена (кр. прич.).

Две буквы *н* пишутся в кратких прилагательных во множественном числе, в единственном числе в женском и среднем роде, если они образованы от глаголов с приставками или суффиксом *-ова- (-ева-).*

Дети воспитанны, дисциплинированны (мн. ч.).
Девочка воспитанна, дисциплинированна (ед. ч. ж. р.).

143. ГЛАСНЫЕ ПЕРЕД ОДНОЙ И ДВУМЯ БУКВАМИ *Н* В СТРАДАТЕЛЬНЫХ ПРИЧАСТИЯХ И ПРИЛАГАТЕЛЬНЫХ, ОБРАЗОВАННЫХ ОТ ГЛАГОЛОВ

Буквы *а* и *я* пишутся перед одной или двумя буквами *н* в причастиях и прилагательных, образованных от глаголов на *-ать* или *-ять*.

Размешанный, размешан (от глаг. на -ать – размешать),

Буква *е* пишется перед одной или двумя буквами *н* в причастиях и прилагательных, образованных от глаголов на *-ить, -еть*.

Закрученный, закручен (от глаг. на -ить – закрутить).
Увиденный (от глаг. на -еть – увидеть).

144. БУКВЫ *Е* И *Ё* ПОСЛЕ ШИПЯЩИХ В СУФФИКСАХ СТРАДАТЕЛЬНЫХ ПРИЧАСТИЙ ПРОШЕДШЕГО ВРЕМЕНИ

В суффиксах причастий *-енн-* и *-ен-* после шипящих под ударением пишется *ё*, без ударения – *е*.

Завершённый (прич.). Скошена (прич.).

145. СЛИТНОЕ И РАЗДЕЛЬНОЕ НАПИСАНИЕ *НЕ* С ПРИЧАСТИЯМИ

Не пишется **р а з д е л ь н о :** 1) с краткими причастиями; 2) с полными причастиями, при которых есть зависимые слова или противопоставление с союзом *а.*

Собрание не закончено.

Не законченное, а начатое собрание.

Не закончившееся вовремя собрание.

Не пишется **с л и т н о** с полными причастиями: 1) если без *не* они не употребляются; 2) если при них нет зависимых слов и нет противопоставления с союзом *а.*

Недоумевающий взгляд.

Незакончившееся собрание.

146. ПЕРЕХОД ПРИЧАСТИЙ В ПРИЛАГАТЕЛЬНЫЕ И СУЩЕСТВИТЕЛЬНЫЕ

1. Некоторые причастия иногда употребляются наравне с прилагательными для обозначения не временного, а п о с т о я н н о г о признака предмета. Постепенно они теряют свои глагольные формы (время, вид) и, наконец, всецело приобретают значение прилагательного. Это называется переходом причастия в прилагательное. Например: *блестящее выступление, прошедшее время, образованный человек, воспитанный ребенок, плетеное кресло, копченая колбаса.* Но при наличии пояснительных слов они являются причастиями. Например. 1). *Юноша, воспитанный в детском доме.* 2) *Озеро, блестящее на солнце.* Здесь слово *воспитанный*

указывает на признак прошедшего времени *(юноша, который был воспитан в детском доме)*; слово *блестящее* – на признак настоящего времени *(озеро, которое в настоящее время блестит).*

2. Иногда полные причастия употребляются для обозначения самого предмета, а не его признака, т. е. приобретает значение с у щ е с т в и т е л ь н о г о. Например: *учащиеся десятых классов, трудящиеся Казахстана, заведующая детским садом, млекопитающие, пресмыкающиеся.* Эти причастия отвечают на вопрос к т о ?, а не к а к о й ? Это называется переходом причастий в существительные.

ДЕЕПРИЧАСТИЕ

147. ДЕЕПРИЧАСТИЕ КАК ЧАСТЬ РЕЧИ

Деепричастие – самостоятельная часть речи. В деепричастии совмещены признаки глагола и наречия. Подобно глаголам, деепричастия бывают совершенного или несовершенного вида, например: *улыбаясь* – несовершенного вида. Вопросы, которые мы ставим к деепричастиям, напоминают вопросы к глаголам несовершенного и совершенного вида: ч т о д е л а я ? и ч т о с д е л а в ?

Зависимое слово – существительное или местоимение – ставится при деепричастии в том же падеже, что и при глаголе, от которого образовано деепричастие, например: *покрасить* (ч т о ?) *стену* (В.) – *покрасив* (ч т о ?) *стену* (В.).

С наречием деепричастие сходно тем, что не изменяется (не склоняется и не спрягается).

В предложении деепричастие бывает обстоятельством, например: *Космонавт,* улыбаясь, *рассказывает о полете. – Рассказывает* (к а к?), *улыбаясь* (т. е. *с улыбкой*). **Приземлившись,** *он радостно посмотрел вокруг. – Посмотрел* (к о г д а?), **приземлившись** (т. е. *после приземления*).

---

1. Деепричастие – самостоятельная часть речи, которая обозначает добавочное действие при основном действии, выраженном глаголом.

2. Деепричастия бывают совершенного или несовершенного вида. Деепричастие не изменяется.

3. В предложении деепричастие является обстоятельством.

Основное действие, обозначенное глаголом-сказуемым, и добавочное действие, обозначенное деепричастием, относятся к одному и тому же лицу (предмету).

148. ДЕЕПРИЧАСТНЫЙ ОБОРОТ. ЗАПЯТЫЕ ПРИ ДЕЕПРИЧАСТНОМ ОБОРОТЕ

Деепричастие может иметь при себе зависимые слова. Вместе с ними оно образует д е е п р и ч а с т н ы й о б о р о т. Например, в предложении *Суда в море не выходили,* отстаиваясь в гавани. (А.С. Новиков-Прибой) при деепричастии *отстаиваясь* есть зависимое слово *в гавани: Отстаиваясь* (г д е?) *в гавани.* **Отстаиваясь в гавани** – деепричастный оборот.

Деепричастный оборот в предложении является одним членом предложения – обстоятельством.

На письме деепричастие и деепричастный оборот с обеих сторон выделяются запятыми, если находятся внутри предложения, и одной запятой, если стоят в начале или в конце предложения.

Кончив плясать, бабушка села к самовару.
Бабушка, кончив плясать, села к самовару.
Бабушка села к самовару, кончив плясать.

149. РАЗДЕЛЬНОЕ НАПИСАНИЕ *НЕ* С ДЕЕПРИЧАСТИЯМИ

Отрицательная частица *не* с деепричастиями пишется раздельно.

Не зная (деепр.)

Некоторые деепричастия без *не* не употребляются, поэтому пишутся с *не* слитно.

Недоумевая (без *не* не употребляется).

150. ДЕЕПРИЧАСТИЯ НЕСОВЕРШЕННОГО ВИДА

Деепричастия несовершенного вида обозначают незаконченное добавочное действие. Они отвечают на вопрос что делая?

Деепричастия несовершенного вида образуются обычно от основы настоящего времени глаголов несовершенного вида путем прибавления суффикса *-а (-я)*.

Гляд-ят – гляд-я, крич-ат – крич-а.
Улыба-ют-ся – улыба-я-сь.

От глагола *быть* деепричастие несовершенного вида образуется с помощью суффикса *-учи: буд-учи*.

151. ДЕЕПРИЧАСТИЯ СОВЕРШЕННОГО ВИДА

Деепричастия совершенного вида обозначают законченные добавочные действия. Они отвечают на вопрос что сделав?

Деепричастия совершенного вида образуются обычно от основы неопределенной формы глаголов совершенного вида путем прибавления суффиксов *-в, -вши, -ши*.

Выскочи-ть – выскочи-в – выскочи-вши, испечь – ис-пек-ши.
Замахну-ть-ся – замахну-вши-сь.

Деепричастия совершенного вида образуются также от основы простого будущего времени некоторых глаголов с помощью суффикса *-а (-я)*.

Прищур-ят-ся – прищур-я-сь.

152. МОРФОЛОГИЧЕСКИЙ РАЗБОР ДЕЕПРИЧАСТИЯ

План разбора

1. Часть речи (особая форма глагола). Общее значение.
2. Морфологические признаки. 1). Начальная форма (неопределенная форма глагола). 2). Вид. 3). Неизменяемость.
3. Синтаксическая роль.

Образец разбора

Мересьев полз, задыхаясь³, падая, теряя сознание.

Устный разбор

Задыхаясь – особая форма глагола — деепричастие.

Во-первых, обозначает добавочное действие: *полз* (как?), *задыхаясь.* Начальная форма – *задыхаться.*

Во-вторых, имеет следующие морфологические признаки: несовершенного вида, неизменяемое.

В-третьих, в предложении является обстоятельством.

Письменный разбор.

Задыхаясь – особая форма глагола — деепричастие.

1. *Полз* (к а к?), *задыхаясь.*

Н.ф. – *задыхаться.*

2. Морф, призн.: несов. вид, неизм. ф.

3. К а к? *задыхаясь.*

НАРЕЧИЕ

153. НАРЕЧИЕ КАК ЧАСТЬ РЕЧИ

У действия, как и у предмета, есть свои признаки. Например, в предложении *Неожиданно началась оттепель* указано, как началась оттепель *(неожиданно)*. Слово *неожиданно* обозначает признак действия. Это наречие.

Наречие обозначает признак действия, если присоединяется к глаголу и деепричастию: *режим соблюдать* (к а к?) *строго,* режим *соблюдая* (как?) *строго.*

Наречие обозначает признак предмета, если присоединяется к имени существительному: *яйцо* (к а к о е?) *всмятку.*

Наречие обозначает признак другого признака, если присоединяется к прилагательному, причастию и другому наречию: *чрезвычайно интересную книгу* (насколько *интересную?)* – здесь прилагательное *интересную* обозначает признак предмета, а наречие *чрезвычайно* – признак этого признака; *уехавшая* (когда?) *вчера делегация; долго* (насколько?) *слишком.*

Наречия в отличие от других знаменательных частей речи не изменяются.

В предложении наречия обычно бывают обстоятельствами *(Солнце невысоко поднялось над горизонтом);* могут быть и определениями *(Аптека находится в доме напротив),* и сказуемыми *(В комнате душно).*

1. **Наречие – самостоятельная часть речи, которая обозначает признак действия, признак предмета или признак другого признака.**

2. **Наречия не изменяются.**

3. **В предложении наречия чаще всего бывают обстоятельствами.**

Примечание. Некоторым качественным наречиям присущи формы изменения, к которым относятся степени сравнения и формы субъективной оценки: *пишу красиво – красивее; хорошо – хорошенько, сделать больше – побольше.*

154. СМЫСЛОВЫЕ ГРУППЫ НАРЕЧИЙ

Наречия, относящиеся к глаголу и к его особым формам – причастию и деепричастию, могут обозначать образ действия, время, место, причину, цель, меру и степень. Меру и степень наречия также обозначают, если относятся к другому наречию или к прилагательному.

Образ действия: как? каким образом?

Время: когда? с каких пор? до каких пор?

Место: где? куда? откуда?

Причина: почему?

Цель: зачем?

Мера: сколько? во сколько? на сколько? в какой степени? в какой мере?

Среди наречий имеются **указательные**, например: *здесь, там, тут, туда, тогда* и др., **неопределенные**, например: *где-то, куда-то, где-нибудь, кое-где* и др.; **вопросительные,** например: *где, куда, когда, зачем* и др.; **отрицательные,** например: *нигде, никуда, негде* и др. Они, помимо основного назначения, используются для связи предложений в тексте, например: *За рекой косили луга. **Оттуда** доносился запах свежескошенной травы.*

155. СТЕПЕНИ СРАВНЕНИЯ НАРЕЧИЙ

Наречия на *-о (-е),* образованные от качественных имен прилагательных, могут иметь степени сравнения, например: *взлетел высоко – взлетел **выше,** взлетел **более высоко,** взлетел **выше всех**.* **У наречий имеются две степени сравнения: сравнительная и превосходная.**

Сравнительная степень наречий имеет две формы – простую и составную. Простая форма сравнительной степени образуется с помощью суффиксов *-ее (-ей), -е, -ше* от исходной формы наречий, от которой отбрасываются конечные *-о (-е).-ко:*

сделал больно – больней (-ее), стало легко – легче, очинил тонко – тоньше.

Составная форма сравнительной степени наречий – это сочетание слов *более* и исходной формы наречия, например: *очинил **более тонко,** относился **более внимательно.***

108

Превосходная степень наречий имеет, как правило, составную форму, которая представляет собой сочетание двух слов — сравнительной степени наречия и местоимения *всех (всего)*:

*сделал **лучше всех**.*

Сравнительная степень имени прилагательного является сказуемым, относится к существительному и отвечает на вопрос каков? (какова? каково? каковы?); сравнительная степень наречия является обстоятельством, относится к глаголу и отвечает на вопрос как?

156. МОРФОЛОГИЧЕСКИЙ РАЗБОР НАРЕЧИЯ

План разбора

1. Часть речи. Общее значение.
2. Морфологические признаки. 1). Неизменяемое слово. 2). Степень сравнения (если есть)
3. Синтаксическая роль.

Образец разбора

Ложатся тихо[3] ночи тени. (И. З. Суриков.)

Устный разбор

Тихо — наречие.

Во-первых, оно обозначает признак действия: *ложатся* (как?) *тихо.*

Во-вторых, это неизменяемое слово.

В-третьих, в предложении является обстоятельством.

109

Письменный разбор

Тихо — наречие.

1. *Ложатся* (к а к?) *тихо;* признак действия.
2. Неизм.
3. К а к? <u>тихо.</u>

157. СПОСОБЫ ОБРАЗОВАНИЯ НАРЕЧИЙ

Наречия образуются следующими способами: приставочным *(доныне ← ныне)*, **суффиксальным** *(ползком ← ползать; смело ← смелый; трижды ← три; куда-нибудь ← куда)*, **приставочно-суффиксальным** *(сначала ← начало; вручную ← ручной; во-первых ← первый; по-своему ← свой; внакладку ← накладывать)*, **сложением** *(еле-еле ← еле, еле)*, **сложением с прибавлением суффикса или приставки и суффикса** *(мимоходом ← мимо ходить; вполголоса ← пол, голос).*

Чаще всего наречия образуются суффиксальным способом.

158. СЛИТНОЕ И РАЗДЕЛЬНОЕ НАПИСАНИЕ *НЕ* С НАРЕЧИЯМИ НА *-О* И *-Е*

Не с наречиями на *-о* и *-е* пишется слитно: 1) если слово не употребляется без *не-;* 2) если наречие с *не-* может быть заменено синонимом без *не-* или близким по значению выражением.

Нелепо (не употр.). *Говорил неискренне (фальшиво).*

Не с наречиями на *-о* и *-е* пишется раздельно: 1) если в предложении есть противопоставление с союзом *а;* 2) если к наречию относятся слова *далеко не, вовсе не, совсем не, ничуть не, нисколько не, никогда не.*

Не хорошо, а плохо. Вовсе не интересно.
Не по-товарищески (не на *-о* и *-е).*

159. БУКВЫ *Е* И *И* В ПРИСТАВКАХ *НЕ* И *НИ* ОТРИЦАТЕЛЬНЫХ НАРЕЧИЙ

От вопросительных наречий (*где, куда, откуда* и др.) с помощью приставок *не-* и *ни-* образуются **отрицательные наречия**, например: *где – не́где* и *нигде́;* в этих наречиях приставка *не-* ударная *(неот-куда)*, а *ни-* безударная *(ниоткуда)*.

Примечание. Следует отличать отрицательные наречия, которые в предложении обычно являются обстоятельствами, от отрицательных местоимений, которые в предложении являются подлежащими и дополнениями.

В отрицательных наречиях под ударением пишется приставка *не-*, а без ударения – *ни-*.

Не́когда (под удар.). *Никогда́* (без удар.).

---

160. ОДНА И ДВЕ БУКВЫ *Н* В НАРЕЧИЯХ НА *О* И *Е*

В наречиях на *-о* и *-е* пишется столько же *н*, сколько в прилагательных, от которых они образованы.

Мужественно (мужественный). Интересно (интересный).

---

161. БУКВЫ *О* И *Е* ПОСЛЕ ШИПЯЩИХ НА КОНЦЕ НАРЕЧИЙ

На конце наречий после шипящих под ударением пишется буква *о*, без ударения – *е*. Исключение: *ещё.*

Свежо́, певу́че. Ещё (искл.).

Легко заметить, что буква *о* после шипящих под ударением пишется в конце любой части речи, кроме глагола и его особой формы – причастия, где в таких случаях пишется буква *ё*.

162. БУКВЫ *О* И *Л* НА КОНЦЕ НАРЕЧИЙ С ПРИСТАВКАМИ *ИЗ* -, *ДО* -, *С*-

В наречиях с приставками *из-*, *до-*, *с-* на конце пишется буква *а*, если эти наречия образованы от бесприставочных прилагательных и существительных.

Досуха (от *сухой* – без прист.).

В наречиях с приставками *из-*, *до-*, *с-* на конце пишется буква *о*, если они образованы от прилагательных, у которых уже были приставки.

Досрочно (от *досрочный* – с прист.).

Примечание. Буква *о* пишется на конце наречий с любыми приставками (в том числе с приставками *из-*, *до-*, *с-*), а буква *а* – только на конце наречий с приставками *из-*, *до-*, *с-*, которые были прибавлены вместе с этим суффиксом.

Наречия от прилагательных, полных причастий обычно образуются с суффиксами *о* и *е: досрочный* → *досрочно, левый* → *влево, свежий* → *свежо, певучий* → *певуче, искренний* → *искренне, испытанный* → *испытанно, крепкий* → *накрепко.*

112

163. НАПИСАНИЕ ПРИСТАВОК
(КРОМЕ *НЕ-* И *НИ-*) В НАРЕЧИЯХ

Приставки в наречиях на письме присоединяются тремя способами: обычно слитно *(вверху, вмиг)* и через дефис *(по-вашему, кое-где)*, реже раздельно *(без устали, на миг)*.

Орфограммами при этом являются дефис *(по-нашему)*, слитное написание *(впрок)* и пробел *(по трое)*.

164. ДЕФИС МЕЖДУ ЧАСТЯМИ СЛОВА
В НАРЕЧИЯХ

Дефис в наречиях пишется:

а) после приставок *по-, в- (во-)*, если в слове есть суффиксы *-ому (-ему), -ых (-их), -и*;

б) после приставки *кое-*.

в) перед суффиксами *-то, -либо, -нибудь;*

г) в сложных наречиях.

По-осеннему. По-дружески. По-заячьи. Во-первых. В-пятых. Кое-как. Когда-нибудь. Еле-еле.

165. СЛИТНОЕ И РАЗДЕЛЬНОЕ НАПИСАНИЕ ПРИСТАВОК В НАРЕЧИЯХ, ОБРАЗОВАННЫХ ОТ СУЩЕСТВИТЕЛЬНЫХ И КОЛИЧЕСТВЕННЫХ ЧИСЛИТЕЛЬНЫХ

В наречиях, образованных от существительных и количественных числительных с помощью одновременного присоединения приставок и суффиксов, приставка обычно пишется слитно.

В некоторых наречиях приставка пишется раздельно, например: *в насмешку, на цыпочках, до смерти, на лету, с налету, на миг* (но – *вмиг*), *на скаку, на глазок, на дом, на днях, на память, по памяти, на совесть, по совести, под силу* (но – *насилу*) и др. Такие наречия следует запоминать, а в затруднительных случаях обращаться к орфографическому словарю.

166. МЯГКИЙ ЗНАК ПОСЛЕ ШИПЯЩИХ НА КОНЦЕ НАРЕЧИЙ

После букв *ш* и *ч* на конце наречий пишется мягкий знак. После буквы *ж* мягкий знак пишется только в слове *настежь*.

Вскачь, настежь (искл.), *замуж* (на *ж*).

КАТЕГОРИЯ СОСТОЯНИЯ

167. КАТЕГОРИЯ СОСТОЯНИЯ КАК ЧАСТЬ РЕЧИ

Сказуемое в предложениях, характеризующих состояние природы или состояние человека, может быть выражено специальными словами, образующими самостоятельную часть речи, которая получила название к а т е г о р и я   с о с т о я н и я.

Слова категории состояния так же, как и наречия, не изменяются. Но в отличие от них категория состояния в предложении синтаксически независима и может сочетаться только с глаголами *быть, становиться, делаться* или употребляться без них: *Утром было холодно. Днём было жарко. Мне стало стыдно. Ему сдела-*

лось грустно.
Состояние может быть выражено не только в положительной, но и в сравнительной степени. Например: *Вчера ему нездоровилось, а сегодня <u>стало лучше</u>. В комнате <u>становилось всё холоднее</u>.*

---

1. Категория состояния - самостоятельная часть речи, которая обозначает состояние (природы, окружающей среды, физическое и душевное состояние человека).

2. Слова категории состояния не изменяются.

3. Употребляется в предложении без подлежащего в роли сказуемого, выступая часто вместе с такими глаголами, как *было, будет, станет* и т. д.

---

168. МОРФОЛОГИЧЕСКИЙ РАЗБОР КАТЕГОРИИ СОСТОЯНИЯ

План разбора
I.   Часть речи. Общее значение.
II. Морфологический признак: неизменяемость.
III. Синтаксическая роль.

Образец разбора
*Мы вышли, было **морозно**.* (М. Пришвин).

Устный разбор
Морозно - категория состояния.
Во-первых, это слово обозначает состояние природы: было (каково?) *морозно* (или - каково было?)

Во-вторых, это неизменяемое слово.

В-третьих, в предложении с одним главным членом слово *морозно* является сказуемым.

Письменный разбор

Морозно - категория состояния.

1. Было (каково?) *морозно*; состояние природы.
2. Неизм.
3. *Было морозно*

СЛУЖЕБНЫЕ ЧАСТИ РЕЧИ

Служебные части речи – это предлоги, союзы, частицы. В отличие от самостоятельных частей речи, они не называют ни предметов, ни признаков, ни действий, ни количества и не бывают членами предложения.

ПРЕДЛОГ

169. ПРЕДЛОГ КАК ЧАСТЬ РЕЧИ

1. Предлог – служебная часть речи, которая выражает зависимость существительного, числительного и местоимения от других слов в словосочетании и в предложении.

2. Предлоги не изменяются.

3. Предлоги не являются членами предложения.

Предлоги выражают различные отношения, например: в р е м е н н ы е *(идти в течение дня)*, п р и ч и н н ы е *(не пойти из-за непогоды)*, п р о с т р а н с т в е н н ы е *(остановиться около дома)* и др.

170. УПОТРЕБЛЕНИЕ ПРЕДЛОГОВ

Многие предлоги многозначны. Например, предлог *около* обозначает место *(около дома)* и приблизительное количество *(около ста)*. В зависимости от значения предлоги могут употребляться с несколькими падежами. Например, предлог *под* употребляется с винительным падежом, обозначая направление *(ехать под Москву)*, состояние *(взять под контроль)*, время *(прийти под вечер)*, назначение *(банка под варенье)*; тот же предлог употребляется с творительным падежом, обозначая пространство *(лечь под навесом)*, причину *(провисать под тяжестью)*.

171. НЕПРОИЗВОДНЫЕ
И ПРОИЗВОДНЫЕ ПРЕДЛОГИ

Предлоги делятся на производные и непроизводные.

П р о и з в о д н ы е предлоги образуются путем перехода самостоятельных частей речи в служебные, утрачивая при этом свое значение и морфологические признаки. Например, предлог *вокруг (ходить вокруг дома)* происходит из наречия *вокруг (хорошо видно вокруг)*, предлог *путем (убедить путем веских доказательств)* – из существительного *путем* в творительном падеже *(служит удобным путем)*, предлог *в продолжение (заседать в продолжение часа)* – из сочетания существительного *продолжение* с предлогом *в (верить в продолжение дружбы)*, предлог *благодаря*

117

(справились благодаря помощи товарища) – из деепричастия *(уходил, благодаря за оказанную помощь).*

К непроизводным относятся предлоги, не образованные от самостоятельных частей речи, например: *без, в, до, для, за, из, к, на, над, о, об, от, по, под, пред, при, про, с, у, через.*

Многие непроизводные предлоги могут употребляться с разными падежами, а производные используются обычно с одним каким-либо падежом. Например, предлог *благодаря* употребляется только с дательным падежом: *благодаря мужеству* (дат. п.).

172. МОРФОЛОГИЧЕСКИЙ РАЗБОР ПРЕДЛОГА

План разбора

1. Часть речи. Общее значение.
2. Морфологический признак: неизменяемость.
3. Синтаксическая роль.

Образец разбора

Над³ землею туман облаками вставал.

(И. С. Никитин).

Устный разбор

Над – предлог.

Во-первых, служит для связи главного слова *вставал* с зависимым существительным *землею* в творительном падеже.

Во-вторых, имеет морфологический признак – неизменяемое слово.

В-третьих, членом предложения не является.

Письменный разбор

Над – предлог.

1. *Вста́вал над землею* (тв. п.).
2. Морф. призн.: неизм. слово.
3. Не член предложения.

173. СЛИТНОЕ И РАЗДЕЛЬНОЕ НАПИСАНИЕ ПРОИЗВОДНЫХ ПРЕДЛОГОВ

Производные предлоги, образованные на основе наречий, пишутся слитно.

Выйти навстречу гостям.

Производные предлоги, образованные из существительных в косвенных падежах с непроизводными предлогами, пишутся слитно и раздельно.

Пишутся слитно следующие производные предлоги: *вследствие* (в значении "по причине"), *наподобие, вроде* (в значении "подобно"), *насчет* (в значении "о"), *ввиду, вместо, несмотря на.*

Пишутся раздельно следующие производные предлоги: *в течение, в продолжение, по причине, в целях, со стороны и др.*

Задержаться ввиду дождей.

В предлогах *в течение, в продолжение, вследствие* на конце пишется *е.*

Продолжается в течение недели.

СОЮЗ

174. СОЮЗ КАК ЧАСТЬ РЕЧИ

1. **С о ю з** – служебная часть речи, которая связывает однородные члены и простые предложения в составе сложного.

2. Союзы не изменяются.

3. Союзы не являются членами предложения.

175. СОЮЗЫ СОЧИНИТЕЛЬНЫЕ И ПОДЧИНИТЕЛЬНЫЕ

Союзы делятся на **с о ч и н и т е л ь н ы е** и **п о д ч и н и т е л ь н ы е**.

С о ч и н и т е л ь н ы е союзы связывают однородные члены и равноправные по смыслу простые предложения в составе сложного (сложносочиненного).

Кружась легко и неумело,
Снежинка села на стекло.

(А. Т. Твардовский.)

Пошел сильный снег, и дорога покрылась белой пеленой.

П о д ч и н и т е л ь н ы е союзы связывают в сложном (сложноподчиненном) предложении простые предложения, из которых одно подчинено по смыслу другому, то есть от одного предложения к другому можно поставить вопрос.

Дорога покрылась белой пеленой, потому что пошел сильный снег.

Не следует путать союзы с союзными словами. Это относительные местоимения *(кто, что, который, какой, чей, сколько)* и относительные местоименные наречия *(как, когда, куда, где, откуда, почему, зачем и др.)*, которые не просто связывают части сложноподчиненного предложения, но и в отличие от союзов являются членами придаточных предложений, находятся в синтаксической связи с другими словами придаточной части *(Встал ученик, **который** отвечал на вопрос. Встал ученик, **которого** я видел вчера. Я внимательно осмотрел все, **что** меня окружало).*

176. ЗАПЯТАЯ ПЕРЕД СОЮЗАМИ В СЛОЖНОМ ПРЕДЛОЖЕНИИ

Перед союзами, соединяющими простые предложения в составе сложного, ставится запятая.

*Над обрывом курится огонек, **и** едкий дым сползает на реку.*

(В. Г. Короленко).

177. СОЧИНИТЕЛЬНЫЕ СОЮЗЫ

Сочинительные союзы по количеству слов, входящих в них, делятся на простые *(и, а и др.)* и составные *(либо – либо и др.).*

По значению сочинительные союзы делятся на три группы: соединительные: и, да (в значении "и"), не только – но и, как – так и; противительные: *а, но, да* (в значении *"но"*), однако (же), зато; разделительные: *или, либо, то – то, не то – не то.*

121

Части некоторых составных союзов *(как – так и, не только – но и, не то – не то* и др.) находятся при разных однородных членах или в разных частях сложного предложения. Запятая ставится перед второй частью таких союзов, например: *Пошел **не то** дождь со снегом, **не то** снег с дождем.*

178. ПОДЧИНИТЕЛЬНЫЕ СОЮЗЫ

Подчинительные союзы по количеству слов, из которых они состоят, делятся на п р о с т ы е *(что, где, когда, если* и др.) и с о с т а в н ы е *(потому что* и др.).

По значению подчинительные союзы бывают п р и ч и н н ы м и *(потому что, оттого что, так как, ввиду того что, благодаря тому что, вследствие того что, в связи с тем что* и др.), ц е л е в ы м и *(чтобы (чтоб), для того чтобы, с тем чтобы* и др.), в р е м е н н ы м и *(когда, едва, лишь, лишь только, пока* и др.), у с л о в н ы м и *(если, если бы, раз, ли, как скоро* и др.), с р а в н и т е л ь н ы м и *(как, будто, словно, как будто, точно* и др.), и з ъ я с н и т е л ь н ы м и *(что, чтобы, как* и др.).

В предложении с изъяснительным союзом *как* от первой части сложного предложения ко второй можно поставить вопрос косвенного падежа.

179. МОРФОЛОГИЧЕСКИЙ РАЗБОР СОЮЗА

План разбора
1. Часть речи. Общее значение.
2. Морфологические признаки: а) сочинительный или подчинительный; б) неизменяемое слово.
3. Синтаксическая роль.

Образец разбора

Каштанка оглянулась и³ увидела, что³ по улице прямо на нее шел полк солдат. (А. П. Чехов).

Устный разбор

И – союз.

Во-первых, соединяет однородные сказуемые *оглянулась и увидела*.

Во-вторых, имеет морфологические признаки: сочинительный, неизменяемое слово.

В-третьих, членом предложения не является.

Что – союз.

Во-первых, соединяет части сложного предложения: *Каштанка оглянулась и увидела* (что?), *что по улице прямо на нее шел полк солдат.*

Во-вторых, имеет морфологические признаки: подчинительный, неизменяемое слово.

В-третьих, членом предложения не является.

Письменный разбор

И – союз.

1. _____*и*_____

2. Морф. призн.: соч., неизмен. слово.
3. Не член предложения.

Что – союз.

1. _____ _____*и*_____ , *что* ____ _____

2. Морф. призн.: подч., неизмен. слово.
3. Не член предложения.

180. СЛИТНОЕ НАПИСАНИЕ СОЮЗОВ
ТАКЖЕ, ТОЖЕ, ЧТОБЫ

> **Союзы *также, тоже, чтобы (чтоб)* пишутся слитно.**
>
> **Их следует отличать от сочетаний *так же* (наречие с частицей), *то же, что бы* (местоимения с частицами). В этих сочетаниях частицы *же, бы*, как правило, могут быть опущены или переставлены на другое место.**
>
> **Союзы *также, тоже* можно заменить союзом *и*, а союз *чтобы* – составным союзом *для того чтобы*.**
>
> *Отец также учился в институте* (*же* нельзя опустить).
>
> *Сын учился так же хорошо, как и отец* (*же* можно опустить).

Союз *тоже* по смыслу равен союзу *также*, и оба равны союзу *и;* они могут заменять друг друга.

Я тоже прочел эту книгу.

Я также прочел эту книгу.

И я прочел эту книгу.

ЧАСТИЦА

181. ЧАСТИЦА КАК ЧАСТЬ РЕЧИ

В предложениях *Сегодня к нам приедут шефы?* и *Разве сегодня к нам приедут шефы?* спрашивается об одном и том же, но во втором предложении, кроме того, выражен дополнительный оттенок значения, заключенного в вопросе, – неуверенность, сомнение, а именно:

приезда шефов, кажется, следует ждать не сегодня. Этот дополнительный оттенок значения, который выделяет в предложении слово *сегодня,* выражен с помощью ч а с т и ц ы *разве.*

Некоторые частицы служат для образования наклонений глагола, например: *Приехали **бы** сегодня шефы; **Пусть** мальчики встретят шефов у ворот школы.*

---

1. Частица – служебная часть речи, которая вносит различные оттенки значения в предложение или служит для образования наклонений глагола.
2. Частицы не изменяются.
3. Частицы не являются членами предложения.

---

182. РАЗРЯДЫ ЧАСТИЦ. ФОРМООБРАЗУЮЩИЕ ЧАСТИЦЫ

По значению частицы делятся на три разряда: ф о р м о о б р а з у ю щ и е, о т р и ц а т е л ь н ы е и м о д а л ь н ы е.

К формообразующим относятся частицы, которые служат для образования наклонений глагола: условного – *бы (б)* и повелительного – *да, давай, давайте, пусть, пускай.*

Частица *бы (б)* может стоять перед глаголом, к которому относится, после него и даже отделяться от него другими словами.

183. ОТРИЦАТЕЛЬНЫЕ ЧАСТИЦЫ

К отрицательным относятся частицы *не* и *ни*.
Частица *не* придает отрицательное значение всему предложению или отдельным его членам: *Не бывать этому. За лесом не большой, а маленький овраг.*

Предложение получает п о л о ж и т е л ь н ы й смысл, если в нем две частицы *не*, одна из которых стоит перед глаголом *мочь*, а вторая – перед неопределенной формой глагола: *Я не мог не поехать.*

Частица *ни:* 1) придает отрицательное значение предложению без подлежащего. При этом частица *ни* употребляется обычно при существительном в родительном падеже: *Ни шагу назад. Кругом ни деревца;*

2) усиливает отрицание, выраженное частицей *не* или словом *нет: Я не слышал ни звука. Не слышно ни звука. Кругом нет ни деревца:*

3) придает обобщающее значение относительным местоимениям и наречиям, с помощью которых одно простое предложение присоединяется к другому в сложном предложении: *Кто ни* (т. е. *всякий*) *взглянет на Машино рукоделье, всякий залюбуется. Куда ни* (т. е. *всюду*) *поеду, всюду встречаю друзей.*

184. МОДАЛЬНЫЕ ЧАСТИЦЫ

Модальные частицы вносят различные смысловые оттенки в предложение, а также выражают чувства и отношение говорящего к тому, о чем говорится в предложении.

Модальные частицы выражают вопрос, восклицание, указание, сомнение, уточнение, усиление, смягчение требования. Модальные частицы чаще всего употребляются в разговорном, публицистическом и художественном стилях речи.

Вопрос: *ли, разве, неужели.*

Восклицание: *что за, как.*

Указание: *вот (а вот), вон (а вон).*

Сомнение: *вряд ли, едва ли.*

Уточнение: *именно, как раз.*

Выделение, ограничение: *только, лишь, исключительно, почти.*

Усиление: *даже, даже и, ни, и, же, ведь, уж, всё, всё-таки, -то.*

Смягчение требования: *-ка.*

185. РАЗДЕЛЬНОЕ И ДЕФИСНОЕ НАПИСАНИЕ ЧАСТИЦ

Частица *-то* ко всем словам на письме присоединяется с помощью дефиса.

Задачу-то решил?
Решил-то быстро.

Частица *-ка* с глаголами пишется через дефис.

Принеси-ка.

Частица *-таки* пишется через дефис в словах *все-таки, довольно-таки, опять-таки, прямо-таки, так-таки* и после глаголов.

В остальных случаях частица *-таки* пишется отдельно.

Он пришел-таки к нам.
Он таки пришел к нам.

Частицы *бы (б), же (ж), ли (ль)* пишутся раздельно.

Пошел бы погулять.
Где же ответ?
Будет ли концерт?

---

186. МОРФОЛОГИЧЕСКИЙ РАЗБОР ЧАСТИЦЫ

План разбора

1. Часть речи. Общее значение.
2. Морфологические признаки: а) разряд, б) неизменяемость.
3. Синтаксическая роль.

Образец разбора

Крепкую дружбу и³ топором не разрубишь.

(Пословица).

Устный разбор

И — частица.

Во-первых, она вносит дополнительное значение усиления.

Во-вторых, имеет морфологические признаки: модальная, неизменяемое слово.

В-третьих, членом предложения не является.

Письменный разбор

И – частица.

1. Доп. знач. усиления.
2. Морф, призн.: мод., неизмен. слово.
3. Не член предложения.

187. РАЗЛИЧЕНИЕ НА ПИСЬМЕ ЧАСТИЦЫ *НЕ* И ПРИСТАВКИ *НЕ-*

Частица *не* пишется раздельно с другими словами.

Приставка *не-* является частью слова и поэтому пишется слитно. Лишь в косвенных падежах отрицательных местоимений с предлогами она пишется раздельно.

В некоторых словах *не* входит в состав корня, например: *негодование, негодовать, нелепый, негодующий, несмотря на.*

188. РАЗЛИЧЕНИЕ НА ПИСЬМЕ ЧАСТИЦЫ *НИ*, СОЮЗА *НИ – НИ* И ПРИСТАВКИ *НИ*

Частица *ни* со словами пишется раздельно. Приставка *ни-* является частью слова и поэтому пишется слитно. Лишь в косвенных падежах отрицательных местоимений с предлогами она пишется раздельно.

В выражениях *не что иное, как* и *не кто иной, как* употребляется частица *не* перед относительными местоимениями, а в выражениях *ничто иное... не* и *никто иной... не* употребляются отрицательные местоимения с приставкой *ни-*.

МЕЖДОМЕТИЕ

189. МЕЖДОМЕТИЕ КАК ЧАСТЬ РЕЧИ

Междометия составляют особую часть речи, не входящую ни в самостоятельные, ни в служебные части речи. Междометия – это слова, выражающие чувства, настроения (например: *ах! ох! тьфу!)* и побуждения (например: *прочь! шабаш!),* но не называющие их.

Междометия бывают непроизводными (например: *ну, эх!)* и производными, то есть возникшими из самостоятельных частей речи (например: *Батюшки! Ужас! Брось!).*

Междометия не изменяются, не являются членами предложения, но они могут употребляться в значении других частей речи. При этом междометие принимает конкретное лексическое значение и становится членом предложения (например: *Далече грянуло ура!)*

Междометия – характерная принадлежность устной речи. В художественных произведениях междометия чаще используются в диалогах.

---

1. Междометие – часть речи, которая выражает, но не называет различные чувства и побуждения.

2. Междометия не изменяются.

3. Междометия не являются членами предложения.

---

190. ДЕФИС В МЕЖДОМЕТИЯХ И ЗНАКИ ПРЕПИНАНИЯ ПРИ МЕЖДОМЕТИЯХ

Междометия, образованные повторением основ, пишутся через дефис.

Ай-ай.

Междометия выделяются запятой или восклицательным знаком.

Ах! Как хорошо на улице!

СИНТАКСИС
И ПУНКТУАЦИЯ

Слова, соединяясь друг с другом по определенным правилам, образуют словосочетания и предложения. Как словосочетания, так и предложения различаются по своему строению и значению.

Раздел науки о языке, в котором изучается строение и значение словосочетаний и предложений, называется синтаксисом.

Морфология и синтаксис тесно связаны между собой и вместе составляют грамматику.

В письменной речи для точной передачи смысла употребляются различные знаки препинания. Совокупность правил об употреблении знаков препинания называется пунктуацией.

СЛОВОСОЧЕТАНИЕ

191. СТРОЕНИЕ И ГРАММАТИЧЕСКОЕ ЗНАЧЕНИЕ СЛОВОСОЧЕТАНИЙ

Словосочетанием называется два или несколько слов, объединенных по смыслу и грамматически. Словосочетание состоит из главного и зависимого слов, например: *лесной воздух, лесная полянка, лесное озеро, лесные дали; построить элеватор, подъехать к элеватору, строительство элеватора; по-весеннему свежий.*

Словосочетание, как и слово, называет предметы, действия и их признаки, но только более конкретно, точно, так как зависимое слово уточняет, конкретизирует смысл главного. Сравните: *друг* и *боевой друг; свежий* и *по-весеннему свежий; построить* и *построить элеватор.*

Значения словосочетаний связаны с их строением. Например, словосочетания *новый магнитофон, глубокая тишина, веселый смех* имеют одинаковое строение и общее грамматическое значение: указывают на предмет и его признак.

Словосочетания *нарисовать портрет, собирать гербарий, построить элеватор* и другие того же строения имеют общее грамматическое значение: указывают на действие и предмет, на который оно переходит.

Словосочетания *говорить вполголоса, сыграть вничью, дружно работать* и другие того же строения имеют также общее грамматическое значение: указывают на действие и его признак.

Примечание. В русском языке есть словосочетания, разные по строению, но близкие по грамматическому значению, их называют синонимичными, например: *иллюстрированный журнал – журнал с иллюстрациями* (предмет и его признак).

192. СВЯЗЬ СЛОВ В СЛОВОСОЧЕТАНИИ

Смысловая связь между словами в словосочетании устанавливается по вопросу, который ставится от главного слова к зависимому.

Грамматическая связь между словами в словосочетании чаще всего выражается с помощью окончания, а также с помощью окончания и предлога.

В словосочетании слова связываются тремя главными способами связи: согласованием, управлением и примыканием.

С о г л а с о в а н и е – это способ связи, при котором зависимое слово ставится в тех же формах, что и главное. В словосочетаниях с таким способом связи зависимое слово выражается прилагательным, причастием, порядковым числительным или местоимением, по форме сходным с ними. Например: *липовая аллея, эта аллея, опустевшая аллея, вторая аллея* (зависимые слова *липовая, эта, опустевшая, вторая* стоят в тех же формах – ед. ч., ж. р., им. п., что и главное слово *аллея).*

При согласовании с изменением форм главного слова соответственно изменяются и формы зависимого слова. Сравните: *второй аллеи, этим опустевшим липовым аллеям* и т. д.

У п р а в л е н и е – это способ связи, при котором зависимое слово (существительное или другая часть речи, употребляемая в значении существительного) ставится при главном слове в определенном падеже. Например: *встретить друга* (в. п.), *вас* (в. п.), *вожатого* (в. п.).

При управлении с изменением формы главного слова форма зависимого слова не изменяется. Сравните: *встретил друга, встречу друга, встретив друга, встретивший друга.*

П р и м ы к а н и е – это способ связи, при котором зависимое слово связывается с главным только по смыслу, например: *очень любить, очень хороший, очень хорошо, уехал учиться, говорил улыбаясь.*

Зависимое слово при примыкании является неизменяемым (наречие, неопределенная форма глагола, деепричастие).

193. РАЗБОР СЛОВОСОЧЕТАНИЯ

План разбора

1. Выделить словосочетание из предложения.
2. Найти главное и зависимое слова, поставить вопрос.
3. Указать, какими частями речи выражены слова.
4. Определить способ синтаксической связи.

Образец разбора

На севере диком стоит одиноко на голой вершине сосна. (М. Ю. Лермонтов).

Предложение состоит из нескольких словосочетаний: *стоять на севере, стоять одиноко, стоять на вершине, дикий север, голая вершина.*

В словосочетании *стоять на севере* главным словом является глагол *стоять,* зависимым – имя существительное *север* в предложном падеже с предлогом *на. Стоять* (где?) *на севере,* вид связи – управление.

В словосочетании *дикий север* в качестве главного слова выступает существительное *север,* в качестве зависимого – прилагательное *дикий. Север* (какой?) *дикий.* Вид связи – согласование.

Аналогично разбираются другие словосочетания.

ПРЕДЛОЖЕНИЕ

194. СТРОЕНИЕ И ГРАММАТИЧЕСКОЕ ЗНАЧЕНИЕ ПРЕДЛОЖЕНИЙ

Предложение – основная синтаксическая единица, содержащая сообщение о чем-то, или вопрос, или побуждение. В отличие от словосочетания предложение имеет грамматическую основу, состоящую из главных членов (подлежащего и сказуемого) или одного из них.

**В грамматической основе выражаются г р а м м а-
т и ч е с к и е з н а ч е н и я п р е д л о ж е н и я.** Эти значения связаны со значениями наклонений и времени гла-
гола-сказуемого. Например, предложения *Молодежь
танцует. Спортсмен тренируется* содержат сообщение о том, что действие на самом деле имеет место в
настоящем времени; предложения *Молодежь танцевала. Спортсмен тренировался* также содержат сообщение о том, что действие на самом деле имело место, но
в прошедшем времени. Предложения *Вы проверили сочинения? Вы прочли статью?* содержат вопрос о действии в прошедшем времени. Предложения *Вы про-
верьте цитаты* и *Вы проверили бы цитаты* имеют
значение желательности (содержат побуждение).

Для предложений характерна интонационная и
смысловая законченность, т. е. они представляют собой
отдельные высказывания.

**В конце предложения обычно ставится точка, во-
просительный или восклицательный знак.**

Наступила осень.

Что вы знаете о лесе?

Красив увядающий лес!

**По цели высказывания предложения бывают
п о в е с т в о в а т е л ь н ы е (содержат сообщение), в о-
п р о с и т е л ь н ы е (содержат вопрос) и п о б у д и т е л ь-
н ы е (содержат побуждение).**

**Кроме того, предложения могут быть в о с к л и-
ц а т е л ь н ы м и, если высказывание сопровождается
сильным чувством.**

В конце повествовательных, вопросительных и побудительных восклицательных предложений вместо точки или после вопросительного знака ставится восклицательный знак.

Мы были в лесу!

Кто взял книгу?!

Прочитай книгу!

Главным средством выражения цели высказывания и восклицания является интонация.

По своему строению и значению предложения очень разнообразны. По количеству грамматических основ они делятся на простые (одна грамматическая основа) и сложные (две или несколько основ).

Дорога шла по крутому берегу Яика. (П.)

Владимир с ужасом увидел, что он заехал в незнакомый лес. (П.)

Простые предложения по строению грамматической основы делятся на двусоставные (с двумя главными членами) и односоставные (с одним главным членом).

Ребята пришли в музей.

Тишина. Смеркается.

Как односоставные, так и двусоставные предложения по наличию второстепенных членов могут быть нераспространенными (второстепенных членов нет) и распространенными (второстепенные члены есть). Например: *Начинается рассвет* (простое двусоставное нераспространённое предложение). – *Скоро рассветет* (простое односоставное распространенное предложение).

137

Виды словосочетаний и предложений по их строению и грамматическому значению при всем многообразии можно перечислить. Конкретное же содержание, выражаемое в них, бесконечно разнообразно. **В синтаксисе изучается строение и грамматическое значение словосочетаний и предложений.**

195. СВЯЗЬ СЛОВ В ПРЕДЛОЖЕНИИ

В распространенном предложении имеются те же способы связи, что и в словосочетаниях (согласование, управление, примыкание). Например, в предложении *Под ногами тихо шуршат желтые листья* есть следующие способы связи: согласование *(желтые листья),* управление *(шуршат под ногами),* примыкание *(тихо шуршат).*

Однако связи слов в предложении богаче и разнообразнее, чем связи слов в словосочетании.

Во-первых, связь подлежащего и сказуемого, образующих грамматическую основу, более свободна, чем связь слов в словосочетании. Обычно это согласование в числе и лице *(Я читаю. Ты читаешь. Он читает. Мы читаем)* или в числе и роде *(Мальчик читал. Девочка читала. Дети читали).* Но сказуемое может быть и несогласованным, например: У *меня есть учебник. У меня есть учебники* (при разных формах числа подлежащего сказуемое не изменяется).

Во-вторых, помимо подчинительных связей (согласование, управление, примыкание), которые есть и в словосочетании, в предложении бывает **сочинительная связь между равноправными (однородными) членами предложения,** например: *Осенью птицы и звери готовятся к зиме (птицы и звери –* сочинительная связь между однородными подлежащими в предложении).

138

ПРОСТОЕ ПРЕДЛОЖЕНИЕ

196. ПОРЯДОК СЛОВ В ПРЕДЛОЖЕНИИ. ЛОГИЧЕСКОЕ УДАРЕНИЕ

С помощью порядка слов мы выделяем наиболее важное в предложении слово (слова).

При спокойной, ненапряженной интонации такое слово обычно ставится в конец предложения. Так, смысл предложения *Миша купил лыжи* заключается в том, что Миша купил именно лыжи, а не коньки. Смысл же предложений *Лыжи купил Миша* и *Миша лыжи купил* другой: в первом из них утверждается, что лыжи купил именно Миша, а не Петя или Коля, а во втором – что Миша лыжи купил, а не взял, скажем, у товарища или напрокат.

Значит, слова могут занимать в предложении различные в зависимости от его смысла места.

Существует более обычный порядок слов, который называется прямым, и менее обычный, который называется обратным.

Так, в предложениях, в которых подлежащее предшествует сказуемому, порядок слов прямой, а в предложениях, в которых сказуемое предшествует подлежащему, – обратный, например: *Я вышел на улицу с охапкой книг и вдруг увидел, что вся улица куда-то бежит. Бегут торговки, гимназисты, барышни, мальчишки.* (Чук).

Примечание. При прямом порядке согласуемое слово стоит перед определяемым существительным, например: *Гордо высится роща полуторастолетних дубов.* (М. – П.) Сравните: *Под дубом вековым недвижно я лежал* (Ог.) – порядок слов обратный.

Управляемые же и примыкающие слова при прямом порядке стоят после глаголов и других поясняемых слов, например: 1) *Савельич поглядел на меня с глубокой горечью.* (П.) 2) *Мы возвратились поздно.* (П.) Сравните с обратным порядком слов: *Над дорогой пыль дрожала.* (Твард.) Исключение в этих случаях составляют только наречия образа действия и степени, например: *Ярко зеленела озимь и яровые* (Ч.) – порядок слов прямой.

Как показывают примеры, при обратном порядке наиболее важное слово выделяется отчетливее.

Наиболее важное в сообщении слово в устной речи может выделяться усилением голоса – логическим ударением, например: 1) *Миша купил ЛЫЖИ* (а не коньки). 2) *МИША купил лыжи* (а не Федя). 3) *Миша КУПИЛ лыжи* (а не взял напрокат или у товарища).

Если логическое ударение падает на слово, стоящее в конце предложения (как в 1-м примере), то интонация всего предложения обычно спокойная, а само логическое ударение слабое. Если же логическое ударение падает на слово, стоящее в начале предложения (2-й пример) или в середине его (3-й пример), то интонация обычно напряженная, а само логическое ударение сильное.

ДВУСОСТАВНЫЕ ПРЕДЛОЖЕНИЯ

ГЛАВНЫЕ ЧЛЕНЫ ПРЕДЛОЖЕНИЯ

197. ПОДЛЕЖАЩЕЕ

Подлежащее – это главный член предложения, который обозначает предмет речи и отвечает на вопросы именительного падежа кто? или что? например: <u>Солнце</u> сияло. <u>Мы</u> ехали по широкому лугу. (П.)

Чаще всего подлежащее выражается именем существительным или местоимением в именительном падеже (примеры см. выше).

Подлежащее может также выражаться другими частями речи, употребленными в значении имени существительного, например: 1) Во *время детского чая боль-шие сидели на балконе.* (Л. Т.) 2) *Присутствующие говорили о разных предметах.* (Т.) 3) *Десять делится на два.* 4) *Завтра не будет похоже на сегодня.* (Гонч.) 5) *Далече грянуло ура.* (П.)

В качестве подлежащего может употребляться и неопределенная форма глагола, например: *Учиться всегда пригодится.* (Посл.)

Примечание. Кроме отдельных слов, подлежащее, как и другие члены предложения, может быть выражено синтаксически неделимым словосочетанием, например: 1) *Анютины глазки росли около крыльца.* 2) *Шли два приятеля вечернею порой.* (Кр.) 3) *Несколько повозок въехало во двор гостиницы.* (Л.) 4) *Дед с матерью шли впереди всех.* (М. Г.) Одно из слов в таких синтаксически неделимых словосочетаниях обычно имеет форму именительного падежа.

198. СКАЗУЕМОЕ

Сказуемое – это главный член предложения, который обычно согласуется с подлежащим и имеет значение, выраженное в вопросах что делает предмет? что с ним происходит? каков он? что он такое? кто он такой? и др.

Сказуемое выражает грамматическое значение одного из наклонений.

199. ПРОСТОЕ ГЛАГОЛЬНОЕ СКАЗУЕМОЕ

Сказуемое, выраженное одним глаголом в форме какого-либо наклонения, называется простым глагольным сказуемым, например: 1) *Уже проснулись певчие птицы.* (С. – М.) 2) *Громко поют птицы.* (С. – М.) 3) *Еще громче будут петь птицы.* В этих примерах глаголы-сказуемые имеют формы изъявительного наклонения прошедшего, настоящего и будущего сложного времени. 4) *В спортивной секции вы тренировались бы* более регулярно – сказуемое выражено глаголом в условном наклонении. 5) *Вы возьмите с собой в поход туристскую карту-схему* – сказуемое выражено глаголом в повелительном наклонении.

Как видно из этих примеров, в простом глагольном сказуемом лексическое и грамматическое значения выражаются одним словом.

200. СОСТАВНЫЕ СКАЗУЕМЫЕ

Составными сказуемыми называются такие сказуемые, в которых лексическое и грамматическое значения выражаются в разных словах. Сравните: *На второй день щегол запел.* – *На второй день щегол начал петь. Катя болела целый месяц.* – *Катя была больна целый месяц.* Составные сказуемые *начал петь* и *была больна* состоят из двух слов, одно из которых *(петь, больна)* выражает основное лексическое значение сказуемого, а другое *(начал, была)* – его грамматическое значение.

Составные сказуемые бывают глагольными и именными.

142

201. СОСТАВНОЕ ГЛАГОЛЬНОЕ СКАЗУЕМОЕ

Составным глагольным сказуемым называется сказуемое, которое состоит из вспомогательного глагола, выражающего грамматическое значение сказуемого, и неопределенной формы глагола, выражающей его основное лексическое значение.

Кроме грамматических значений наклонения, времени, вспомогательные глаголы выражают значения начала, конца, продолжительности действия; его желательности или возможности, например: *Скрипач начал (продолжал, кончил) играть. Мы не сможем выступить на концерте. Мы хотели бы участвовать в самодеятельности* и т. п. Наиболее часто в качестве вспомогательных употребляются глаголы *начать, стать, кончить, продолжать, хотеть, желать, мочь.*

Примечание. В роли вспомогательных глаголов могут выступать сочетания некоторых кратких прилагательных *(должен, рад, готов* и др.) и служебного глагола-связки *быть* в форме одного из наклонений. Сравните: 1) *Я хотел бы помочь вам* и 2) *Я был бы рад помочь вам.*

Примеры: 1) *Я готов с вами поспорить.* (П.) 2) *Через несколько дней должен я был очутиться посреди моего семейства* (П.)

143

202. СОСТАВНОЕ ИМЕННОЕ СКАЗУЕМОЕ

Составное именное сказуемое – это сказуемое, которое состоит из глагола-связки, выражающего грамматическое значение сказуемого, и именной части (имени прилагательного, существительного и др.), выражающей его основное лексическое значение.

Я был прав. Я буду учителем.

1. Наиболее употребительным является глагол-связка *быть,* выражающий только грамматические значения. В настоящем времени глагол-связка *быть* не употребляется, т. е. связка **нулевая**.

Ты был бы смелым – условное наклонение.

Ты будь смелым – повелительное наклонение.

Ты был смелым (прош. в.) – изъявительное наклонение.

Ты будешь смелым – (буд. в.) – изъявительное наклонение.

Ты смелый (наст. в., нулевая связка) – изъявительное наклонение.

2. Другие глаголы-связки *делаться, стать, становиться, являться, считаться, представляться, казаться, называться* менее употребительны.

Все делается светлее, веселее от первого снега. (Ч.)

Совсем стал белый дедушка. (Н.)

Дворец казался островом печальным. (П.)

Примечания. 1. В роли связок могут выступать глаголы, имеющие значения движения, состояния: *прийти, приехать, вернуться* и др.; *сидеть, стоять* и др.; например: 1) *Кити возвратилась домой, в Россию, излеченная.* (Л. Т.)

2) *Я сидел погруженный в глубокую задумчивость.* (П.) 3) *Девушка пришла усталая.* (Пол.)

2. На месте глагола-связки могут быть употреблены сочетания вспомогательных глаголов или других вспомогательных слов (см. примечание к § 199) с определенной формой глагола-связки, например: 1) *Я хочу быть учителем. 2) Я был бы рад стать учителем.*

Именная часть составного именного сказуемого выражается: 1) Именем прилагательным. *(Он веселый. Он был веселый. Он был веселым. Он сегодня весел. Он веселее, чем его сестра.);* 2) Именем существительным *(Он весельчак. Он был весельчак. Он был весельчаком. Был он с хитрецой. Заводы наши в цветах.);* 3) Причастием *(Брови ее были сдвинуты. Вода в пустыне будет задержана. Хлеба обмолочены.);* 4) Именем числительным *(Два да три будет пять.);* 5) Местоимением *(Вишневый сад теперь мой.* (Ч.); 6) Наречием *(Ей туфли впору будут);* 7) Синтаксически неделимым словосочетанием *(Он был высокого роста. Варя была с заплаканными глазами).*

Примечания. 1. В именной части сказуемого выражается признак более постоянный, если в ней употреблена форма именительного падежа полного прилагательного или существительного, и менее постоянный, если употребляется краткая форма прилагательного или творительный падеж существительного. Сравните, например: 1) *Девочка больная, худенькая* и *Девочка больна гриппом;* 2) *Горький был писатель* и *Горький был грузчиком и пекарем, изучил много разных профессий.*

2. В именную часть могут входить союзы *как, будто, словно, точно,* вносящие в сказуемое значение сравнения, например: *Строгое лицо его было как из чугуна.* (Нан.)

```
                    ┌─────────────────────┐
                    │     сказуемое       │
                    └─────────────────────┘
              ┌───────────────┴──────────────┐
              ▼                              ▼
┌──────────────────────┐        ┌──────────────────────┐
│  простое глагольное   │        │      составное        │
└──────────────────────┘        └──────────────────────┘
                                     ┌──────┴──────┐
                                     ▼             ▼
                              ┌────────────┐  ┌──────────┐
                              │ глагольное │  │ именное  │
                              └────────────┘  └──────────┘
```

203. ТИРЕ МЕЖДУ ПОДЛЕЖАЩИМ И СКАЗУЕМЫМ

Между подлежащим и сказуемым при нулевой связке тире ставится в следующих случаях:

1) если подлежащее и сказуемое выражены существительным или числительным в именительном падеже (обычно в сочетании с род. п. существительного), например: 1) *Москва – столица России.* 2) *Площадь поверхности Земли – пятьсот десять миллионов квадратных километров.* 3) *Пятью восемь – сорок;*

2) если оба главных члена выражены неопределенной формой глагола, например: *Спешить – делу вредить.* (Посл.);

3) если один главный член выражен неопределенной формой глагола, а другой – именем существительным, например: *Рассчитывать и проектировать – его любимые занятия.*

Когда перед сказуемым стоит указательная частица *это* или *вот*, тире ставится перед этой частицей, например: 1) *Книга – это источник знаний.* 2) *Хорошо учиться – вот наша задача.*

Примечание. Тире обычно не ставится:

1) если сказуемое присоединяется союзом *как* или другими сравнительными союзами, например: *Наш школьный двор как сад;*

2) если подлежащее выражено личным местоимением, например: *Он порча, он чума, он язва здешних мест.* (Кр.);

3) если при сказуемом есть отрицательная частица *не,* например: *Бедность не порок.* (Посл.)

Однако если логическое ударение падает на подлежащее, то тире между подлежащим и сказуемым может ставиться и в этих случаях, например: *Мы – изыскатели.*

ВТОРОСТЕПЕННЫЕ ЧЛЕНЫ ПРЕДЛОЖЕНИЯ

Второстепенные члены предложения поясняют главные или другие второстепенные члены. Они делятся по своим грамматическим значениям на дополнения, определения и обстоятельства. Эти значения распознаются по вопросам. Например, в предложении *Осторожно обходят охотники залегших в чащобе волков* (С. – М.) выделяются следующие второстепенные члены: *обходят* (кого?) *волков* — дополнение; *обходят* (как?) *осторожно* – обстоятельство; *волков* (каких?) *залегших* – определение; *залегших* (где?) *в чащобе* – обстоятельство.

147

204. ДОПОЛНЕНИЕ

Дополнение – это второстепенный член предложения, который обозначает предмет и зависит от сказуемого или другого члена предложения.

Дополнения выражаются существительными или местоимениями, отвечающими на вопросы косвенных падежей, например: 1) *Старик ловил* (чем?) *неводом* (что?) *рыбу.* (П.) 2) *Приплыла* (к кому?) *к нему рыбка...* (П.)

Дополнения могут выражаться также словами других частей речи в значении существительного в косвенном падеже, например: 1) *Старый Тарас думал* (о чем?) *о давнем.* (Г.) 2) *Завтра не будет похоже* (на что?) *на сегодня.* 3) *Девять делится* (на что?) *на три.*

В роли дополнения может выступать и неопределенная форма глагола, например: *Все просили ее* (о чем?) *спеть.* (Л.)

Примечания. 1. Дополнение может выражаться синтаксически неделимым словосочетанием, например: 1) *Девочка любовалась* (чем?) *анютиными глазками.* 2) *Я выписал* (что?) *"Вокруг света".* 3) (Кому?) *Нам с Петей скоро исполнится по четырнадцать лет.* 4) *За лето я прочитал* (что?) *много интересных книг.*

2. Дополнения бывают прямые и косвенные. Прямые дополнения относятся к переходным глаголам и обозначают предмет, на который направлено действие, например: 1) *Старуха пряла свою пряжу.* (П.) 2) *У коменданта нашел я Швабрина.* (П.) Прямые дополнения выражаются винительным падежом без предлога. Все остальные дополнения называются косвенными.

148

В некоторых случаях, чтобы показать, что действие переходного глагола охватывает лишь часть предмета (не весь предмет), прямое дополнение может употребляться в форме родительного падежа, например: *Достаньте из холодильника молока.*

Если при переходном глаголе стоит отрицательная частица *не,* прямое дополнение также может употребляться в форме родительного падежа, например: *Ученик не понял условия задачи.*

205. ОПРЕДЕЛЕНИЕ

Определение – это второстепенный член предложения, который обозначает признак предмета и поясняет подлежащее, дополнение и другие члены предложения, выраженные существительными. Определения отвечают на вопросы какой? чей?

Относясь к именам существительным, определения как зависимые слова связываются с ними или по способу согласования – согласованные определения, или при помощи других способов (управления, примыкания) – несогласованные определения. Сравните, например: 1) (Какая?) *Чердачная лестница была очень крутая* (согласованное определение). – *Лестница* (какая?) *на чердак была очень крутая* (несогласованное определение); 2) *На первое подали* (какой?) *флотский борщ* (согласованное определение). – *На первое подали борщ* (какой?) *по-флотски* (несогласованное определение). 3) (Чей?) *Наш рассказ продолжался целый час* (согласованное определение) – (Чей?) *Его рассказ продолжался целый час* (несогласованное определение); 4) *Дайте мне* (к а к у ю?) *интересную книгу* (согласованное определение). – *Дайте мне книгу* (какую?) *поинтереснее* (несогласованное определение).

Примечания. 1. По сравнению с согласованными, управляемые определения выражают признак более конкретный, часто имеют добавочные значения дополнения или обстоятельства, например: *Настя любила шоссе* (к а к о е?) *над морем.* Кроме вопроса к а к о е?, к определению *над морем* можно поставить и вопрос где?, и вопрос н а д ч е м?

2. Несогласованное определение может быть выражено синтаксически неделимым словосочетанием существительного и прилагательного, например: 1) *На первой парте сидела девочка* (к а к а я?) *с голубыми глазами.* 2) *Наши хоккеисты – игроки* (к а к и е?) *высокого класса.*

206. ПРИЛОЖЕНИЕ

Приложение – это определение, выраженное существительным, согласованным с определяемым словом в падеже, например: *Ночевала тучка золотая на груди утеса-великана.* (Л.)

Приложения могут обозначать различные качества предмета, указывать на возраст, национальность, профессию и другие признаки, называть собственные имена неодушевленных предметов, например: 1) *Бабушка-старушка из окна глядит.* (А. Б.) 2) *Возница-киргиз сидит неподвижно на облучке.* (Фурм.) 3) *Врач Сергеева уехала.* 4) *Река Дон разлилась.*

Особым видом приложений являются собственные наименования, обозначающие названия газет, журналов, предприятий, художественных произведений и т. п., например: 1). *Отец выписывает газету "Известия", а старший брат – журнал "За рулем"* 2). *Магазин "Богатырь" расположен на бойком месте.* Это несогласованные приложения.

Если одиночное приложение и определяемое существительное являются именами нарицательными, то между ними ставится дефис, например:

1) *Не забудет народ-победитель беззаветных героев своих.* (Л. – К.) 2) *От полка спасибо наше вам за сына-храбреца.* (Твард.)

Дефис ставится и тогда, когда нарицательное существительное стоит после имени собственного и тесно сливается с ним по смыслу, например: *Кремль стоит на берегу Москвы-реки.* Сравните: *Река Москва закована в гранит* (Л. -К.)

Примечание. Не ставится дефис после слов, являющихся общепринятыми обращениями: *гражданин, товарищ, господин* и др.; например: *Гражданин фининспектор! Простите за беспокойство.* (Маяк.)

207. ОСНОВНЫЕ ВИДЫ ОБСТОЯТЕЛЬСТВ

Обстоятельство – это второстепенный член предложения, обозначающий признак действия или другого признака. Обстоятельства поясняют сказуемое или другие члены предложения.

По своим значениям обстоятельства делятся на следующие основные группы:

Образа действия	(как? каким образом?) 1) (Как?) *Звонко кукушка вдали куковала.* (П.) 2) *Корабль одинокий несется, несется* (как?) *на всех парусах.* (Л.)
Степени	(как? в какой степени?) 1) *Мы* (как? в какой степени?) *очень устали.* 2) *Число нападающих* (в какой степени?) *вдесятеро увеличилось.* (П.) 3 *Она изменилась* (в какой степени?) *до неузнаваемости.*

Места	(где? куда? откуда?)
	1) (Где?) *Кругом кричали коросте-ли.* (Л.)
	2) Мы въехали (куда?) *в кусты.* (Т.)
	3) Заяц выскочил (откуда?) *из лесу и побежал* (где?) *полем.* (П.)
Времени	(когда? как долго? с каких пор? до каких пор?)
	1) (Когда?) *Вчера я приехал в Пяти-горск.* (Л.)
	2) Бабушка (с каких пор?) *от вос-хода солнца* (до каких пор?) *до позд-ней ночи была занята работой по хозяйству.* (М. Г.)
	3) *Мы стояли на тяге* (как долго?) *около часу.*
Условия	(при каком условии?)
	При старании вы сможете добиться больших успехов.
Причины	(почему? отчего?)
	1) *Он* (почему?) *по болезни на месяц освобожден от занятий физ-культурой.*
	2) (Почему? отчего?) *Сгоряча он не почувствовал боли.*
Цели	(зачем? для чего?)
	Алексей Мересьев был направлен в Москву (зачем? для чего?) *на изле-чение.* (Пол.)

Примечание. Некоторые обстоятельства могут иметь уступительное значение, указывая на причину, вопреки которой совершается действие. Такие обстоятельства отвечают на вопросы вопреки чему? несмотря на что?, например: 1) (Вопреки чему?) *Вопреки ожиданиям, ночь была теплая.* (Арс.) *2) Город* (несмотря на что?), *несмотря на позднее время, был весь на ногах.* (Пауст.)

Как видно из приведенных примеров, обстоятельства обычно бывают выражены наречиями или существительными в формах косвенных падежей с предлогами или без предлогов.

Кроме того, обстоятельства образа действия, времени, причины, цели и условия могут быть выражены деепричастными оборотами, например:

1) (Когда?) *Забравшись на сосну большую, по веточкам палицей бьет.* (Н.) 2) *Василиса Егоровна* (почему?), *видя мое упрямство, оставила меня в покое.* (П.) 3) (При каком условии?) *Не зная броду, не суйся в воду.* (Посл.) 4) *Бегут* (как?), *играя на солнце, шумные ручьи.* (Сераф.) 5) *Мы разбили палатки* (с какой целью?), *желая укрыться от дождя.*

Обстоятельство цели может быть выражено неопределенной формой глагола, например: *Я приехал* (зачем?) *повидать тебя;* а обстоятельство образа действия – сравнительными оборотами с союзами *как, словно, будто, как будто,* например: *Пруд местами* (как?), *как сталь, сверкал на солнце.* (Т.)

Обстоятельства могут выражаться также фразеологическими оборотами, например: *В трудные дни он работал* (в какой степени?) *не покладая рук.*

Примечание. Обстоятельство как зависимое слово соединяется с главным при помощи примыкания или управления. Если обстоятельство связано с главным словом управлением, то оно может иметь добавочное значение дополнения, например: *Мы летели* (где?) *над тайгой* – кроме вопроса где? возможен и вопрос дополнения над чем?

> **Обстоятельства, выраженные сравнительными оборотами, как и обстоятельства, выраженные деепричастиями и деепричастными оборотами, выделяются запятыми.**
>
> *Я стою у дороги, прислонившись к иве.* (Ес.)
> *Внизу, как зеркало стальное, синеют озера струи.* (Тютч.)

ОДНОСОСТАВНЫЕ ПРЕДЛОЖЕНИЯ

208. ОСНОВНЫЕ ГРУППЫ ОДНОСОСТАВНЫХ ПРЕДЛОЖЕНИЙ

В двусоставных предложениях грамматическая основа состоит их двух главных членов – подлежащего и сказуемого, причем оба эти члена необходимы для понимания смысла предложения. В односоставных предложениях грамматическая основа состоит из одного главного члена (подлежащего или сказуемого), причем второй главный член не нужен для понимания смысла предложения.

По форме **главного** члена односоставные предложения делятся на две основные группы: 1) с главным членом – сказуемым, 2) с главным членом – подлежащим. Сравните например: 1) *Вечереет. Морозит* и 2) *Вечер. Мороз.*

Как и двусоставные, односоставные предложения могут быть нераспространенными и распространенными; сравните, например: *Морозит* и *С утра морозит; Вечер* и *Тихий вечер.*

Предложения с одним главным членом обладают основным свойством предложения – **предикативностью,** т. е. способностью относить сообщение в определенный временной план: *Светает* (настоящее время); *Светало* (прошедшее); *Будет светать* (будущее время); *Скорее бы светало* (нереальный временной план).

ОДНОСОСТАВНЫЕ ПРЕДЛОЖЕНИЯ С ГЛАВНЫМ ЧЛЕНОМ – СКАЗУЕМЫМ

209. ПРЕДЛОЖЕНИЯ ОПРЕДЕЛЕННО-ЛИЧНЫЕ

Определенно-личные предложения – это односоставные предложения со сказуемым-глаголом в форме 1-го или 2-го лица *(иду, идешь, идем, идете; пойду; пойдешь, пойдем, пойдете; иди, идите).* **Так как окончания глаголов в этих формах достаточно определенно указывают на лицо и число местоимений** *(я, ты, мы, вы),* **подлежащее в таких предложениях не обязательно,** например: 1) *Люблю грозу в* начале мая. (Тютч.) 2) _Уходим завтра в море._ (Чуркин.) 3) _Не из Москвы ли будешь?_ (М. Г.) 4) _Чему смеетесь? Над собой смеетесь!_ (Г.) 5) _Выберите себе книгу по вкусу._ 6) _Пойдемте в сад. Давайте поработаем._

Определенно-личные предложения встречаются в живой разговорной речи.

210. ПРЕДЛОЖЕНИЯ НЕОПРЕДЕЛЕННО-ЛИЧНЫЕ

Неопределенно-личные предложения – это односоставные предложения со сказуемым-глаголом в форме 3-го лица множественного числа в настоящем и будущем времени и в форме множественного числа в прошедшем времени, например:

1) _Что новенького в газете пишут?_ (Шол.) 2) _В дверь постучались._ (Л. Т.) **В таких предложениях важно само действие, а не лица, которые его производят. Они мыслятся неопределенно. Поэтому в таких предложениях не бывает подлежащего.**

Примечание. Неопределенно-личные и определенно-личные предложения могут иметь значение обобщенного лица, т. е. указывать на то, что действие производится всеми, любым лицом, например: 1) _Цыплят по осени считают_ (т. е. все должны поступать так, это справедливо для любого лица); 2) _Бездонную бочку водой не наполнишь_ (т. е. никто не сможет этого сделать); 3) _Каких только птиц не увидишь в весеннем лесу!_ (М.-С.) (т. е. все могут увидеть).

Особенно часто это значение имеют сказуемые, выраженные глаголом в форме 2-го лица. Многие пословицы представляют собой такие предложения, например: _Без труда не вынешь и рыбку из пруда._

211. БЕЗЛИЧНЫЕ ПРЕДЛОЖЕНИЯ

**Безличные предложения – это односостав-
ные предложения со сказуемым, при котором нет и
не может быть подлежащего,** например: 1) *Уже совсем стемнело.* (Т.) 2) *Скоро светать будет.* (М. Г.) 3)
На дворе было тихо. (Л. Т.)

Сказуемое в безличном предложении выражается
следующими способами:

Простое глагольное	
1) Безличным глаголом	*Вечерами работалось особенно хорошо.* *На дворе вечереет.*
2) Безличной формой личного глагола	*Пахнет сеном над лугами.* (Майк.) *Зажгло грозою дерево.* (Н.)
3) Безличной формой глагола *быть* в отрица-тельных предложениях; словом *нет*	*Герасима уже не было на дворе.* (Т.) *Сегодня же меня здесь не будет.* (Т.) *У меня нет линейки.*
4) Неопределенной формой глагола	*Вам не видать таких сражений.* (Л.) *Быть грозе великой.* (П.)

Примечание. Предложения, в которых сказуемое выражено неопределенной формой глагола (инфинитивом), называются **безличными инфинитивными предложениями.** Обычно они употребляются в разговорной речи, художественной литературе, диалоге.

Составное	
Глагольное Безличным вспомогательным глаголом + неопределенная форма глагола	1) *Над вашим предложением стоит подумать.* 2) *Аленке спать не хотелось.*
Именное Глаголом-связкой в безличной форме + именная часть (наречие или краткое страдательное причастие в форме среднего рода).	1) *В этот час было совсем тихо.* (Л. Т.) 2) *В избе жарко натоплено.* (Ч.)

Безличные предложения разнообразны не только по своей форме, но и по значению. Часто они сообщают о различных состояниях природы или людей и животных, например: 1) *На улице холодно* и 2) *Мне холодно.* В последнем случае в предложении обычно бывает дополнение в форме дательного падежа, указывающее, кто именно испытывает то или иное состояние.

Безличные предложения чаще всего употребляются в живой разговорной речи.

ОДНОСОСТАВНЫЕ ПРЕДЛОЖЕНИЯ С ГЛАВНЫМ ЧЛЕНОМ – ПОДЛЕЖАЩИМ

212. НАЗЫВНЫЕ ПРЕДЛОЖЕНИЯ

Назывные предложения – это такие односоставные предложения, которые имеют один главный член – подлежащее.

Они сообщают о том, что какое-нибудь явление или предмет существует (имеется) в настоящем, например: 1) *Лес. Просека. По просеке, теряющейся вдали, тянется полотно железной дороги. Ряд телеграфных столбов. Ночь.* (Ч.) 2) *Весна! Выставляется первая рама.* (Майк.)

С частицами *вот, вон* назывные предложения приобретают указательное значение: *Вот парадный подъезд.* (Н.)

Назывные предложения употребляются преимущественно в художественной литературе (поэзии и прозе), в газетных и журнальных очерках и статьях. С их помощью писатели и журналисты обычно в начале своих произведений (или глав, частей) очень лаконично и точно рисуют место и время действия, пейзаж, обстановку, например: 1) *Ночь. Землянка. Фитилек разгорелся еле-еле* (П. А.) 2) *Колхоз "Рассвет". Ряд недавно построенных широкооконных домов. Белые и розовые шиферные крыши. Антенны телевизоров. Водонапорная башня.* (Газ.)

```
┌─────────────────────────────────────────┐
│        односоставные предложения          │
└─────────────────────────────────────────┘
        │                        │
        ▼                        ▼
┌──────────────────┐    ┌──────────────────┐
│ с главным членом –│    │ с главным членом –│
│    сказуемым      │    │   подлежащим      │
└──────────────────┘    └──────────────────┘

┌──────────────────┐    ┌──────────────────┐
│определенно-личные │    │    назывные       │
└──────────────────┘    └──────────────────┘

┌──────────────────┐
│неопределенно-личные│
└──────────────────┘

┌──────────────────┐
│    безличные       │
└──────────────────┘
```

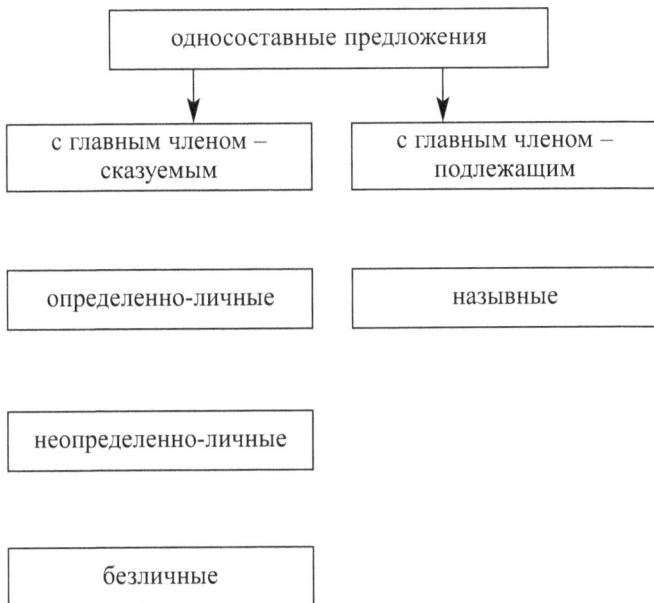

НЕПОЛНЫЕ ПРЕДЛОЖЕНИЯ

213. ПОНЯТИЕ О НЕПОЛНЫХ ПРЕДЛОЖЕНИЯХ

В нашей речи, наряду с полными, употребляются и неполные предложения, в которых пропущен какой-либо член предложения – главный или второстепенный. Пропущенные члены в неполных предложениях легко восстанавливаются благодаря предыдущим предложениям или обстановке при разговоре.

Неполные предложения часто употребляются в диалоге, например: 1) *Чувствуете вы теперь боль? – Теперь очень небольшую.* (Дост.) 2) *Как тебя зовут? – Меня Аночкой.* (Фед.)

Неполные предложения встречаются и во второй части сложных предложений, например: 1) *Алеша смотрел на них, а они на него* (Дост.) – опущено сказуемое; 2) *Если он хочет меня видеть, то подождет* – опущены подлежащее и дополнение; 3) *Все получали письма, а я не получал* (Пауст.) – опущено дополнение.

Пропуск членов предложения может в произношении быть выражен паузой, а на письме обозначен тире.

Летом светает рано, а зимой – поздно.

ПРЕДЛОЖЕНИЯ
С ОДНОРОДНЫМИ ЧЛЕНАМИ

214. ПОНЯТИЕ ОБ ОДНОРОДНЫХ ЧЛЕНАХ

Однородные члены – это такие члены предложения, которые отвечают на один и тот же вопрос и являются одинаковыми членами предложения. Они относятся к одному и тому же члену предложения или поясняются одним членом предложения. Однородные члены предложения равноправны по отношению друг к другу и соединены между собой сочинительной связью, например:

1) *Карета подъехала и остановилась.* (П.)

2) *У набережной теснятся пароходы, шхуны, баржи.* (Сераф.)

3) *Люди работали спокойно, молчаливо* (Фед.)

Однородные члены обычно выражаются словами одной части речи (смотрите примеры выше), но могут быть выражены и словами разных частей речи, например: *Я люблю идти в лесу тихо, с остановками.* (Пришв.)

Однородные члены могут иметь при себе зависимые слова, т. е. могут быть распространенными, например: *Она играла очень хорошо, хотя немного строго и сухо.* (Т.) Сравните: *Она играла хорошо, хотя строго и сухо.*

В предложении может быть не один ряд однородных членов, а два и больше, например: *Мастер внимательно и придирчиво осматривал станок и беседовал с токарем и его учеником.*

Примечание. В некоторых предложениях для большей выразительности слова могут повторяться, например: 1) *Зимы ждала, ждала природа.* (П.) 2) *За деревней леса, леса, леса.* Повторяющиеся слова однородными членами не являются.

Между однородными членами при отсутствии союза ставится запятая.

---

215. РАЗЛИЧИЯ МЕЖДУ ОДНОРОДНЫМИ И НЕОДНОРОДНЫМИ ОПРЕДЕЛЕНИЯМИ

Однородные определения одинаково относятся к определяемому слову. В этом случае они произносятся с перечислительной интонацией, допускают вставку союза *и,* например: *Купил удобный, широкий стол.* Сравните: *Купил удобный и широкий стол.*

Неоднородные определения относятся к определяемому слову по-разному: непосредственно к существительному относится только ближайшее из них, а другое относится ко всему словосочетанию первого определения с существительным. В этом случае определения произносятся без перечислительной интонации, не допускают вставки союза *и,* например: *Купил удобный письменный стол.*

Примечание. Определения-эпитеты (художественные, эмоциональные определения) обычно бывают однородными, например: 1) *Тяжелые, холодные тучи лежали на вершинах окрестных гор.*(Л.) 2) *На море в нем всегда подымалось широкое, теплое чувство.* (М. Г.)

216. ОДНОРОДНЫЕ ЧЛЕНЫ, СВЯЗАННЫЕ СОЧИНИТЕЛЬНЫМИ СОЮЗАМИ, И ПУНКТУАЦИЯ ПРИ НИХ

Сочинительные союзы, соединяющие однородные члены, по значению делятся на три группы: 1) соединительные, 2) разделительные и 3) противительные.

Союзы		Примеры
1) Соединительные (соединяют один однородный член с другим)	*и, да* (в значении и); *ни – ни* (только повторяющийся союз, употребляющийся в отрицательных предложениях); двойные союзы *не только... но и; как... так и...*	1) *Дни стояли теплые* ***и*** *ласковые.* (Фед.) 2) *Ночью ветер злится* ***да*** *стучит в окно.* (Фет.) 3) *Нигде не было видно* ***ни*** *воды,* ***ни*** *деревьев.* (Ч.) 4) *В наших лесах водятся* ***как зайцы, так и лисицы.*** 5) *Она* ***не только*** *работала,* ***но и*** *училась.*
2) Разделительные (указывают на возможность одного однородного члена из двух (нескольких) или на их чередование)	*или (иль), либо, то – то, не то – не то* (два последних союза только повторяющиеся)	1) *В воскресенье мы поедем за город* ***или*** *пойдем в музей.* 2) *Небо* ***то*** *заволакивалось белыми облаками,* ***то*** *вдруг местами расчищалось на мгновение.* (Т.) 3) *Высоко в небе парил* ***не то*** *коршун,* ***не то*** *ястреб.* (Мус.)
3) Противительные (противопоставляют один однородный член другому)	*а, но, да* (в значении *но), зато*	1) *Ученье без уменья не польза,* ***а*** *беда.* (Посл.) 2) *Казаки вполголоса,* ***но*** *дружно рассмеялись* (Шол.) 3) *Мал золотник,* ***да*** *дорог.* (Посл.)

Запятая ставится между однородными членами:
1. **Перед противительными союзами;**
2. **Перед повторяющимися союзами;**
3. **Перед второй частью двойных союзов.**

*Он коллекционировал не марки, **а** открытки.*
*Он коллекционировал **и** марки, **и** открытки.*
*Он коллекционировал **и** марки, **и** открытки, **и** значки.*
*Он коллекционировал марки, **и** открытки, **и** значки.*
*Он коллекционировал **как** марки, **так** и открытки.*

Запятая не ставится между однородными членами, соединенными одиночным, неповторяющимся соединительным или разделительным союзом.

*Он коллекционировал марки **и** открытки.*
*Он коллекционировал марки, открытки **и** значки.*
*Привезите мне новые марки **или** значки.*

Примечания. 1. Запятая ставится перед союзом *да и*, обозначающим добавление к сказанному раньше: *Он хорошо рисовал, **да и** чертил неплохо.*

2. Запятая не ставится во фразеологических оборотах: *ни то ни се, и так и сяк, ни рыба ни мясо, ни свет ни заря* и т.п.

3. Запятая не ставится между двумя глаголами в одинаковой форме, указывающими на движение и его цель: *Зайду проведаю.* (Л. Т.)

4. Когда союз *и* соединяет однородные члены предложения попарно, запятая ставится между этими группами, а внутри их не ставится: *Зазвенели чашки и ложки, горшки и плошки.* (Фурм.)

217. ОБОБЩАЮЩИЕ СЛОВА ПРИ ОДНОРОДНЫХ ЧЛЕНАХ И ЗНАКИ ПРЕПИНАНИЯ ПРИ НИХ

При однородных членах могут быть обобщающие слова, которые являются теми же членами предложения, что и однородные.

Обобщающие слова стоят или впереди однородных членов, или после них, например: 1) *Вдруг* ***все*** *ожило: и леса, и пруды, и степи* (Г.) – обобщающее слово – подлежащее *все* стоит перед однородными подлежащими *и леса, и пруды, и степи;* 2) *В лесах, на горах, у морей и у рек –* ***повсюду*** *мы братьев найдем* (Л.-К.) – обобщающее слово *повсюду* стоит после однородных членов *в лесах, на горах, у морей, у рек* и является, как и они, обстоятельством места.

---

1. Если обобщающее слово стоит впереди однородных членов, то перед однородными членами ставится двоеточие.

Все *было серое: затуманенный лес, озеро, небо.* (Сол.)

2. Если обобщающее слово стоит после однородных членов, то за ними ставится тире.

Затуманенный лес, озеро, небо – все было серое.

3. Если обобщающее слово стоит перед однородными членами, а после них предложение продолжается, то перед однородными членами ставится двоеточие, а после них перед остальной частью предложения – тире.

Все *вокруг: затуманенный лес, озеро, небо – было серое.*

167

Примечание. В книжной речи после обобщающих слов перед однородными членами могут быть слова *как-то, а именно, например,* указывающие на идущее дальше перечисление. В таких случаях после этих слов ставится двоеточие, а перед ними запятая, например:

Для выработки навыков грамотного письма необходимо три условия, **а именно:** *знание правил, внимание и умение пользоваться справочниками.*

В числе посуды привозят много глиняных и стеклянных игрушек, **как-то:** *уточек, гуськов, дудочек и брызгалок.* (Акс.)

Очень нужны некоторые инструменты, **например:** *молоток, зубило, лобзик.*

ПРЕДЛОЖЕНИЯ С ОБРАЩЕНИЯМИ, ВВОДНЫМИ СЛОВАМИ И МЕЖДОМЕТИЯМИ

Кроме главных и второстепенных членов, в предложении могут быть слова, не являющиеся членами предложения, не связанные с другими словами в нем ни подчинительной, ни сочинительной связью. Например: 1) *Присядем, друзья, перед дальней дорогой* – обращение *друзья* служит для того, чтобы привлечь внимание друзей к просьбе *(присядем перед дальней дорогой);* 2) **К счастью,** *на всем своем протяжении река имеет большую глубину* (Прж.) – вводные слова *к счастью* служат для положительной оценки сообщения.

218. ОБРАЩЕНИЕ И ЗНАКИ ПРЕПИНАНИЯ ПРИ НЕМ

Обращение – это слово (или сочетание слов), называющее того, к тому обращаются с речью.

Обращение имеет форму именительного падежа и произносится с особой звательной интонацией, например: 1) *Борис,* *поди-ка сюда* (М. Г.) – нераспространенное обращение; 2) *Сердечный друг,* *уж я стара* (П.) – распространенное обращение. Чаще всего обращения употребляются в устной речи и в письмах.

В устной речи они служат для привлечения внимания собеседника к сообщению и одновременно для выражения отношения говорящего к собеседнику. Такие обращения выражаются существительными одушевленными, реже прилагательными или причастиями в значении таких существительных, например: 1) *Ты помнишь,* *Алеша,* *дороги Смоленщины? (Сим.)* 2) *С отцом разговор меня успокоил,* *родные.* (Н.) 3) *Провожающие,* *просим вас освободить вагоны.*

В письмах обращения служат для выражения того или иного отношения пишущего к адресату. Вот несколько примеров из писем А. П. Чехова: 1) *Многоуважаемый Николай Николаевич,* *большое спасибо Вам за поздравления и за ласковые слова.* 2) *Дорогой Алексей Максимович,* *отвечаю сразу на два письма.* 3) *Милый Миша,* *здравствуй.* 4) *Благодарю тебя,* *Сашечка,* *за хлопоты.*

В речи поэтической обращения могут быть выражены существительными неодушевленными. Это один из приемов олицетворения, например: *Не шуми ты,* *рожь,* *спелым колосом!* (Кольц.)

Обращение может стоять в начале, в середине и в конце предложения.

Обращение в предложении выделяется запятыми.

*Родилась я, **милые внуки мои**, под Киевом, в тихой деревне. (Н.)*
***Василий Федорович**, вы мне поручите что-нибудь.* (Л. Т.)
*Я верю тебе, **дядя**.*

Знак препинания в конце предложения ставится по общим правилам, независимо от наличия обращения.

*Как я рад, **дорогой Максим Максимович**! (Л.)*
*Ты ли это, **мой милый друг, товарищ лучший мой**? (Батюшков)*

Если обращение находится перед предложением и произносится с особым чувством, то после него ставится восклицательный знак, а идущее дальше предложение начинается с прописной буквы.

***Отец, отец**! Оставь угрозы, свою Тамару не брани.* (Л.)

Примечание. Перед обращением может быть частица *о*, которая сливается с ним в произношении и запятой от него не отделяется, например: *Опять я ваш, о юные друзья.* (П.)

170

219. ВВОДНЫЕ СЛОВА И ВВОДНЫЕ ПРЕДЛОЖЕНИЯ. ЗНАКИ ПРЕПИНАНИЯ ПРИ НИХ

Вводные слова – это специальные слова или сочетания слов, при помощи которых говорящий выражает свое отношение к тому, что он сообщает, например: 1) *Русские тяжелоатлеты,* ***безусловно,*** *являются сильнейшими в мире* (Газ.) – вводное слово *безусловно* выражает уверенность говорящего в том, что он сообщает; 2) ***На мое счастье,*** *погода все время стояла великолепная* – вводные слова *на мое счастье* выражают удовлетворение говорящего по поводу сообщаемого факта; 3) ***К сожалению,*** *лаборатория не получила необходимых аппаратов* – вводные слова *к сожалению* выражают сожаление говорящего по поводу сообщаемой информации.

Вводные слова не являются членами предложения и имеют различные значения.

Значения	Вводные слова	Примеры
1) Различная степень уверенности	*Конечно, разумеется, бесспорно, несомненно, без сомнения, безусловно, действительно* и др. – бóльшая степень уверенности; *кажется, вероятно, очевидно, возможно, пожалуй* и др. – меньшая степень уверенности, предположение	*Дождь,* ***конечно,*** *скоро кончится.* *Дождь,* ***кажется,*** *скоро кончится.*

171

Значения	Вводные слова	Примеры
2) Различные чувства	*К счастью, к общей радости, к несчастью, к сожалению, к удивлению и др.*	*Дождь,* **к счастью,** *скоро кончится.*
3) Источник сообщения (кому при надлежит сообщение)	*По сообщению (кого-либо), по словам (кого-либо), по мнению (кого-либо)*	**По-моему,** *дождь скоро кончится.*
4) Порядок мыслей и их связь	*Во-первых, во-вторых, в-третьих, наконец и др.; следовательно, значит, итак, напротив, наоборот, например, так и др.*	**Во-первых,** *я недостаточно хорошо знаю французский язык;* **во-вторых** *текст слишком трудный.* **Следовательно,** *я вряд ли справлюсь с переводом.*
5) Замечания о способах оформления мыслей	*Одним словом, иначе говоря, лучше сказать*	**Одним словом,** *все обошлось благополучно.*

Эти значения могут быть выражены не только вводными словами, но и в в о д н ы м и п р е д л о ж е - н и я м и. Сравните, например:

1) *Пурга,* ***безусловно,*** *скоро кончится* (вводное сло- во) и *Пурга,* ***я уверен,*** *скоро кончится* (вводное предло- жение); 2) *Теперь,* ***по-моему,*** *медлить нельзя* (вводное слово) и *Теперь,* ***я думаю,*** *медлить нельзя* (вводное предложение).

Вводные слова и предложения при произнесении выделяются интонацией (паузами и сравнительно быстрым произнесением), а на письме запятыми.

По-видимому, *путешествие приближалось к концу.* (А. Г.)

Горный воздух, ***без всякого сомнения,*** *действует благоприятно на здоровье человека.* (Т.)

Вы, ***я знаю,*** *неприхотливы.* (Т.)

Вводные предложения, выражающие дополни- тельные замечания или пояснения, выделяются скобками или, реже, тире.

Однажды вечером ***(это было в начале октября 1773 года)*** *сидел я дома один.* (П.)

Три сестры Володи – ***самой старшей из них было одиннадцать лет*** *– сидели за столом.* (Ч.)

Примечание. Так же, как вводные слова, выделяются запятыми обычно и междометия, и слова *да, нет;* например: 1) *Ох, не забыл старинных я проказ.* (П.) 2) *Нет, жизнь меня не обделила, добром своим не обошла.* (Твард.) *3) Да, он достиг своего идеала.* (Ч.)

Однако и вводные слова, и слова *да, нет,* и междометия могут употребляться в качестве самостоятельных предложений (слов-предложений). После таких слов-предложений знаки препинания ставятся так же, как в конце обычных предложений, например: 1) *– Вы сегодня будете у Антонины Николаевны? – Может быть.* (Арбузов)

2) *Уф! Сейчас кончил рассказ.* (Ч.) 3) *Он хотел доставить тебе удовольствие. – Да?* (Ч.)

ПРЕДЛОЖЕНИЯ
С ОБОСОБЛЕННЫМИ ЧЛЕНАМИ

В предложении второстепенные члены могут с помощью интонации выделяться по смыслу, например: *В небе стояли легкие перистые облака, предвещавшие хорошую погоду.* Выделенный по смыслу при помощи интонации причастный оборот *предвещавшие хорошую погоду* в этом предложении приближается по значению к сказуемому с зависимыми от него словами. Поэтому он является как бы добавочным (второстепенным) сказуемым, сравните: *В небе стояли легкие перистые облака. Они предвещали хорошую погоду.* То, что в первом примере выражено причастным оборотом внутри одного предложения, во втором примере выражено сказуемым самостоятельного предложения.

Члены предложения, выделяемые по смыслу и интонационно, называются обособленными.

174

> На письме обособленные члены выделяются запятыми, реже – тире.

220. ОБОСОБЛЕННЫЕ ОБСТОЯТЕЛЬСТВА

> Выделяются запятыми на письме обстоятельства, выраженные деепричастными оборотами и одиночными деепричастиями.
>
> *Войдя в юрту,* Макар подошел к камельку. (Кор.)
>
> *Пошумев,* река успокоилась. (Пол.)
>
> *Чуть дрожат,* ***качаясь,*** *сосны.* (Бр.)
>
> *Колыхаясь и сверкая,* движутся полки. (Л.)

Примечания. 1.От деепричастий и деепричастных оборотов нужно отличать наречия *стоя, сидя, лежа, молча, нехотя, шутя, не глядя, крадучись, играя* и др., фразеологические обороты наречного значения *(спустя рукава, сломя голову* и др.), связанные с деепричастиями только по своему происхождению. Такие наречия и фразеологические обороты не обособляются, например: 1) *Перевозчик греб стоя.* 2) *Укорял он меня за то, что мы ничего не делаем, работаем* ***спустя рукава.*** (С. Ант.)

2. Не обособляются одиночные деепричастия и деепричастные обороты, которые выступают как однородные члены вместе с другими частями речи (соединяются при помощи союза); например: *"А ты* ***меня,*** *Вася, не пугай", –* равнодушно ***и не глядя на него*** попросила она. (М. Г.)

175

> **Всегда обособляются обстоятельства с предлогом** *несмотря на,* **которые имеют уступительное значение.**
>
> *Несмотря на поздний час,* было душно. (С. Ант.)

Примечание. С целью усиления могут обособляться различные обстоятельства, выраженные существительным с предлогами *благодаря, согласно, вопреки, в силу, в случае, при наличии, при отсутствии, по причине, ввиду, вследствие.* Например: *Крейсеры,* **вследствие недостатка места в бухте,** *держались в открытом море* (Н.-Пр.) (обособленное обстоятельство причины). Такие обстоятельства обычно обособляются, если они распространены и стоят перед сказуемым.

Заметьте, что в деепричастный оборот союз *и,* стоящий рядом с ним, не входит; например: 1) *Капитан встал и,* **закурив трубку,** *вышел.* 2) *Капитан встал,* **закурив трубку,** *и вышел.*

Союз *а,* стоящий перед деепричастным оборотом, входит в деепричастный оборот, запятая ставится перед ним: *Он замерз,* **а немного пробежавшись,** *согрелся.*

Деепричастный оборот может начинаться с зависимых слов, а не с деепричастия. Сравните такие примеры: 1) *Футболист,* **делая правой ногой сложное движение,** *думал обмануть противника.* 2) *Футболист,* **правой ногой делая сложное движение,** *думал обмануть противника.* Из второго примера видно, что запятая ставится перед первым словом оборота.

221. ОБОСОБЛЕННЫЕ ОПРЕДЕЛЕНИЯ И ПРИЛОЖЕНИЯ

Обособляются, выделяясь интонацией при произнесении и запятыми на письме:

1) любые определения и приложения, если они относятся к личному местоимению.

Усталая, она не могла идти дальше.

Она, совсем измученная дорогой, не могла идти дальше.

Она, в тяжелой меховой шубе, не могла идти дальше.

Я, ваш старинный сват и кум, пришел мириться к вам. (Кр.)

Геолог, он исколесил всю Сибирь. (С. Ант.)

Мы, артиллеристы, хлопотали около орудий. (Л. Т.)

2) согласованные распространенные определения и приложения, а также обычно два и несколько однородных согласованных нераспространенных определений, если они стоят после определяемого существительного.

Я рвал отчаянной рукой терновник, спутанный плющом. (Л.)

Небо, полное грозою, все в зарницах трепетало. (Тютч.)

Боец, парнишка белокурый, тихонько трогает гармонь. (Твард.)

Мартовская ночь, облачная и туманная, окутала землю. (Ч.)

177

Примечание. Согласованные определения и приложения, стоящие перед определяемым существительным, обособляются, если имеют добавочное обстоятельственное значение, например обстоятельства причины: 1) *Оглушенный тяжким гулом, Теркин никнет головой.* (Твард.); 2) *Смышленые звери, бобры зимуют разумно.* (Д. З.); уступки: *Раненный осколком в плечо, капитан Сабуров не покинул строя,* (Сим.)

Приведенные в этом параграфе пунктуационные правила, как отмечалось, относятся в равной мере к обособлению согласованных определений и согласованных приложений. Однако в обособлении приложений есть некоторые особенности.

Обособляются одиночные согласованные приложения, стоящие после определяемого слова – существительного собственного.

Ваня Туркенич, командир, сидел ни на кого не глядя. (Фад.)

Исключения составляют те одиночные приложения, которые сливаются с именем собственным по смыслу и в произношении.

Владимир узнал Архипа-кузнеца. (П.) (См. § 204.)

Примечания. 1. Приложение с союзом *как* обособляется в том случае, если имеет оттенок причинности например: *Валерию как уроженцу юга трудно было привыкнуть к суровому климату Арктики* (ср.:

178

Валерию, так как он был уроженец юга, трудно было привыкнуть к суровому климату Арктики).

Если же союз *как* имеет значение "в качестве", то приложение запятыми не выделяется, например: *Все знают Семенова как хорошего слесаря.*

2. Обособленные приложения могут выделяться при помощи тире, если им придается большее значение и при произнесении они отделяются от определяемого слова более длительной паузой, например: *Пришел ноябрь – месяц крепких заморозков.* (Каз.)

ПРЕДЛОЖЕНИЯ С УТОЧНЯЮЩИМИ ОБОСОБЛЕННЫМИ ЧЛЕНАМИ

Уточняющие члены предложения служат для конкретизации или пояснения значений других членов предложения (уточняемых), например:

1) *Уже поздно, часов в одиннадцать, к Павке зашел Жухрай* (Н. О.) – в этом предложении уточняющее обстоятельство времени *часов в одиннадцать* служит для конкретизации обстоятельства времени, имеющего широкое значение, – *уже поздно;* 2) *Дикая коза, или косуля, водится по всему Уссурийскому краю* (Прж.) – в этом предложении уточняющее приложение *косуля* поясняет подлежащее *дикая коза,* давая ему другое наименование.

222. ОБОСОБЛЕНИЕ УТОЧНЯЮЩИХ ЧЛЕНОВ ПРЕДЛОЖЕНИЯ

> **Уточняющие члены обособляются, выделяясь интонацией в произношении и запятыми на письме.**

1. Чаще всего как уточняющие обособленные члены употребляются обстоятельства места и времени, например: 1) *Мы гуляли довольно долго, до самого вечера.* (Т.) 2) *Внизу, в закурившемся тумане, глухо шумел лес.* (А. Н. Т.) Уточняющий член предложения стоит после уточняемого и связывается с ним только интонационно.

2. Обособленные уточняющие члены предложения могут присоединяться к уточняемым и при помощи специальных союзов: *то есть, или* (в значении *то есть*) и др., например: *Весь этот день Анна провела дома, то есть у Облонских.*(Л. Т.)

3. При обособленных уточняющих членах часто употребляются слова *особенно, даже, главным образом, в частности, в том числе, например* и др., например: *Я всегда и везде, особенно на Кавказе, замечал особенный такт у нашего солдата.* (Л. Т.)

Как уточняющие употребляются другие обстоятельства, а также приложения, например: 1) *Мы беседовали хорошо, по-дружески* (Купр.) – уточняющее обстоятельство образа действия; 2) *Хозяин, Иван Николаевич Булгаков, был большой охотник до лошадей* (Акс.) 3) *Многие газы, например водород, легче воздуха.* 4) *Болото было покрыто мелким ольшаником, или порослью ольхи* – уточняющие приложения.

180

Примечание. Как уточняющие часто обособляются дополнения с предлогами *кроме, помимо, вместо, исключая, за исключением, включая, наряду с, сверх* и др., например: 1) *В Мещерском крае нет никаких особенных красот и богаств, кроме лесов, лугов и прозрачного воздуха.* (Пауст.) 2) *Мы, помимо судовых работ, занимались еще погрузкой угля.* (М. Г.)

Такие уточняющие дополнения могут стоять не только после уточняемого члена, но и перед ним. В предложении уточняющие дополнения и уточняемые слова могут быть разными членами, например: *За исключением отдельных учеников, все в нашем классе учатся хорошо.* Уточняемый член *все* – подлежащее, а уточняющий *за исключением отдельных учеников* – дополнение.

СПОСОБЫ ПЕРЕДАЧИ ЧУЖОЙ РЕЧИ. ПРЯМАЯ И КОСВЕННАЯ РЕЧЬ

В беседе, в рассказе о чем-либо часто бывает нужно передать слушателю (читателю) чужую речь (то, что говорили или писали другие). В русском языке есть целый ряд способов для передачи чужой речи.

Чужая речь может быть передана при помощи специальных предложений: а) с прямой речью, б) с косвенной речью. Сравните: а) *Учитель сказал нам: "Ребята! Будьте внимательны при переходе через улицу!"* и б) *Учитель сказал нам, чтобы мы были внимательны при переходе через улицу.* В первом примере говорящий точно воспроизводит чужую речь как бы от лица того, кто ее произнес (кому она принадлежала), в данном случае от лица учителя. Во втором примере говорящий не воспроизводит чужую речь, а только пересказывает (передает) ее содержание.

Кроме того, на чужую речь могут указывать специальные вводные слова и предложения *(по словам такого-то, как сказал тот-то* и др.), например: *По словам учителя, мы должны быть более внимательны при переходе улицы.*

Наконец, тема чужой речи передается при помощи дополнения, выраженного существительным в форме предложного падежа с предлогом *о,* например: *Учитель рассказал нам о правилах дорожного движения.*

223. ПРЕДЛОЖЕНИЯ С ПРЯМОЙ РЕЧЬЮ. ЗНАКИ ПРЕПИНАНИЯ В НИХ

Прямая речь – это точно воспроизведенная чужая речь, переданная от лица того, кто ее произнес (написал).

Прямая речь может состоять из одного, двух или нескольких предложений. В них передается не только содержание чужой речи, но и её форма. Например: 1) *Капитан крикнул: "Купаться!"* (Л. Т.) 2) *"Вернитесь! Акула!" – закричал артиллерист.* (Л. Т.)

Если слова автора обозначить буквами А (а), а прямую речь буквами П (п), то правила пунктуации в предложениях с прямой речью схематически можно будет представить так.

1) А: "П". 2) А: "П!" 3) А: "П?"
4) "П", – а. 5) "П!" – а. 6) "П?" – а.

Прямая речь заключается в кавычки.

Между словами автора и прямой речью ставится двоеточие, когда прямая речь стоит после слов автора.

То кричит пророк победы: "Пусть сильнее грянет буря!" (М. Г.)

Когда прямая речь стоит перед словами автора, то между прямой речью и словами автора ставится тире.

"Я видел на озере лебедей", – сказал лесничий.

Каждое предложение в прямой речи пишется с большой буквы, и в конце его ставится тот знак, который нужен по цели высказывания и интонации этого предложения (точка, вопросительный или восклицательный знак).

Тренер мне посоветовал: "Ты глубже дыши". "Вот он, край света! Здорово! Никогда еще так далеко не ездил!" – воскликнул Мохов.

"Разве я не прав?" – говорил он. (М. Г.)

Исключение из этого правила составляет случай, когда прямая речь – повествовательное предложение, а слова автора стоят после нее. Тогда вместо точки и тире после прямой речи ставится запятая и тире.

"Вот тут бы и отобрать у него галоши и зонтик", – проговорил Иван Иваныч. (Ч.)

Если слова автора разрывают предложение в прямой речи, то после первой части этого предложения и после слов автора ставится запятая и тире, а вторая часть предложения в прямой речи начинается со строчной буквы.

"Для нас, – подчеркнуто сказала Нина, – он теперь всегда будет Кашук". (Фад.)

Если слова автора стоят на границе самостоятельных предложений, то после слов автора ставится точка и тире, а вторая часть прямой речи начинается с прописной буквы.

После же первой части прямой речи ставится: а) вопросительный или восклицательный знак и тире, если первая часть – вопросительное или восклицательное (побудительное или повествовательное) предложение, и б) запятая и тире, если первая часть – невосклицательное повествовательное предложение.

"Куда идет этот автобус?" – спросили мы у кондуктора. – Нам нужно в центр города".

"Участники соревнований! – раздалась команда. – Строиться!"

"Он из нашей школы, – сказала Леночка своим серебряным голосом. – Садись, Олег!" (Фад.)

Диалог – это разговор двух или нескольких лиц.

> **Каждая реплика диалога обычно начинается с новой строки; перед репликой ставится тире, а кавычки не ставятся.**
>
> *Подполз он ближе к разбитой птице, и прошипел он ей прямо в очи:*
> *— Что, умираешь?*
> *— Да, умираю! — ответил Сокол, вздохнув глубоко. — Я славно пожил!.. Я знаю счастье. Я храбро бился!.. (М. Г.)*

224. ПРЕДЛОЖЕНИЯ С КОСВЕННОЙ РЕЧЬЮ. ЗАМЕНА ПРЯМОЙ РЕЧИ КОСВЕННОЙ

Предложения с косвенной речью служат для передачи чужой речи от лица говорящего, а не того, кто ее на самом деле произнес.

Предложения с косвенной речью передают только содержание чужой речи, но не могут передать все особенности ее формы и интонации.

Предложения с косвенной речью представляют собой сложные предложения, состоящие из двух частей (слов автора и косвенной речи), которые соединяются союзами *что, будто, чтобы,* или местоимениями и наречиями *кто, что, какой, как, где, когда, почему* и др., или частицей *ли.*

При помощи союзов *что, будто* косвенно передается содержание повествовательных предложений чужой речи, например:

Лесничий сказал: "Я видел на озере лебедей".
Лесничий сказал, что он видел на озере лебедей.
Лесничий сказал, будто он видел на озере лебедей.

При помощи союза *чтобы* передается содержание побудительных предложений чужой речи, например:

Капитан приказал: "Шлюпки на воду!"
Капитан приказал, чтобы шлюпки спустили на воду.

Предложения с местоимениями и наречиями *что, кто, какой; как, где, когда, почему* и др. или с вопросительной частицей *ли* косвенно передают содержание вопросительных предложений чужой речи, например:

1) *"Который час?" – спросил я.*
   Я спросил, который час.
2) *Мы спросили встречных: "Куда едете?"*
   Мы спросили встречных, куда они едут.
3) *"Решишь ты эту задачу?" – спросил я товарища.*
   Я спросил товарища, решит ли он эту задачу.

Вопрос, переданный в косвенной речи, называется косвенным вопросом.

Слова автора обычно предшествуют косвенной речи и отделяются от нее запятой.

После косвенного вопроса вопросительный знак не ставится.

"Ребята, кто из вас дежурит?" – спросил учитель.
Учитель спросил ребят, кто из них дежурит.

186

225. ЦИТАТЫ И ЗНАКИ ПРЕПИНАНИЯ ПРИ НИХ

Цитаты – это дословные (точные) выдержки из высказываний и сочинений кого-либо, приводимые для подтверждения или пояснения своей мысли.

Цитаты могут стоять при словах автора и представлять собой прямую речь. В этом случае знаки препинания при цитатах ставятся, как в предложениях с прямой речью.

В. Г. Белинский писал: "Стих Пушкина благороден, изящно прост, национально верен духу языка".

Но цитата может вводиться в авторскую речь и как часть предложения. В этом случае она выделяется кавычками, но пишется со строчной буквы.

Н. Г. Чернышевский справедливо считал, что "развитие языка идет вслед за развитием народной жизни".
В "развитии народной жизни" видел Н. Г. Чернышевский причину "развития языка".

Если цитата приводится не полностью, то на месте пропущенных слов ставится многоточие.

В. Г. Белинский писал: "Стих Пушкина благороден... верен духу языка".

Примечание. Если цитируется стихотворный текст, в котором соблюдаются стихотворные строки и строфы подлинника, то кавычки обычно не ставятся; стихотворный текст размещается между строчками сочинения и отделяется от них знаками препинания, как при прямой речи; например: *В поэме А. Твардовского "Василий Теркин" лейтмотивом всего произведения являются следующие строки:*

Бой идет святой и правый.
Смертный бой не ради славы,
Ради жизни на земле.

226. РАЗБОР ПРОСТОГО ПРЕДЛОЖЕНИЯ

Порядок разбора

1. Назвать вид предложения по цели высказывания (повествовательное, вопросительное, побудительное); если предложение восклицательное, отметить это.

2. Найти грамматическую основу предложения и установить, что оно простое.

3. Рассказать о строении предложения:

а) двусоставное или односоставное; если односоставное – какого типа (определенно-личное, неопределенно-личное, безличное, назывное);

б) распространенное или нераспространенное;

в) полное или неполное (если неполное, указать, какой член предложения в нем опущен).

4. Отметить, если предложение осложнено однородными членами (если есть обобщающее слово, назвать его) или обособленными членами предложения, обращением, вводными словами и др.

5. Разобрать предложение по членам и указать, чем они выражены (сначала разбираются подлежащее и сказуемое, далее – второстепенные члены, входящие в состав подлежащего, затем – в состав сказуемого).

6. Объяснить расстановку знаков препинания.

Образец разбора

В лес прозрачный, осенний, сосновый золотая вошла тишина.

(С. В. Ботвинник.)

Это предложение повествовательное, невосклицательное, грамматическая основа предложения – *тишина* (подлежащее, выраженное существительным), *вошла* (простое глагольное сказуемое, выраженное личной формой глагола); предложение полное, распространенное, осложнено однородными членами. *Тишина* (какая?) *золотая* – согласованное определение, выраженное именем прилагательным. *Вошла* (куда?) *в лес* – обстоятельство места, выраженное существительным с предлогом. *В лес* (какой?) *прозрачный, осенний, сосновый* – однородные согласованные определения, выраженные прилагательными. Две запятые разделяют однородные определения.

СЛОЖНОЕ ПРЕДЛОЖЕНИЕ

Кроме простых предложений, в русском языке часто употребляются сложные предложения, при помощи которых мы выражаем более сложные мысли.

Сложные предложения – это предложения, состоящие из двух или нескольких простых предложений.

Простые предложения в составе сложного не обладают интонационной законченностью и сливаются по смыслу и в произношении в одно целое. Например: 1) *Небо снова все покрылось тучами, и посыпался дождь.* (М. Г.) 2) *Владимир с ужасом увидел, что он заехал в незнакомый лес.* (П.)

3) *Катятся ядра, свищут пули, нависли хладные штыки.* (П.)

По своему строению и значению сложные предложения очень разнообразны.

227. ОСНОВНЫЕ ВИДЫ СЛОЖНЫХ ПРЕДЛОЖЕНИЙ

Простые предложения соединяются в сложные двумя основными способами: 1. При помощи и н т о - н а ц и и и с о ю з о в или с о ю з н ы х слов (относительных местоимений и наречий), например: 1) *В самую эту минуту дверь отворилась, **и** Марья Ивановна вошла с улыбкой на бледном лице* (П.) (союз *и*); 2) *Проснувшись поутру довольно поздно, я увидел, **что** буря утихла,* (П.) (союз *что*); 3) *Надо мною расстилалось голубое небо, **по которому** тихо плыло и таяло сверкающее облако* (Кор.) (союзное слово – относительное местоимение *который*), 4) *Мне вздумалось завернуть под навес, **где** стояли наши лощади* (Л.) (союзное слово – относительное наречие *где*). **Сложные предложения с союзами и союзными словами называются союз- ными.**

190

2. При помощи интонации (без союзов и союзных слов), например: 1) *Покраснела рябина, посинела вода.* (Ес.) 2) *Луны не было на небе: она в ту пору поздно всходила.* (Л.) **Сложные предложения без союзов и союзных слов называются бессоюзными.**

Предложения с союзами и союзными словами делятся на две группы: 1) предложения сложносочиненные, 2) предложения сложноподчиненные.

Сложносочиненные предложения – это такие предложения, в которых простые предложения могут быть равноправными по смыслу и связываются сочинительными союзами, например: 1) *Сумрак стал гуще, и звезды сияли выше.* (Бун.) 2) *Еще в полях белеет снег, а воды уж весной шумят.* (Тютч.)

Сложноподчиненные предложения – это такие предложения, в которых одно из предложений по смыслу подчинено другому и связано с ним подчинительным союзом или союзным словом, например: 1) *Сделано все, чтобы я мог работать спокойно.* (Н. О.) 2) *Выехали в едва зазеленевшие поля, над которыми в солнечном свете, трепеща крыльями, жарко пел жаворонок.* (А. Н. Т.)

Независимое предложение в составе сложноподчиненного называется **главным**, а зависимое, подчиненное главному по смыслу и грамматически, – **придаточным**.

Основные виды сложных предложений

сложные предложения

союзные	бессоюзные

сложносочиненные	сложноподчиненные

СОЮЗНЫЕ СЛОЖНЫЕ ПРЕДЛОЖЕНИЯ. СЛОЖНОСОЧИНЕННЫЕ ПРЕДЛОЖЕНИЯ

228. ОСНОВНЫЕ ГРУППЫ СЛОЖНОСОЧИНЕННЫХ ПРЕДЛОЖЕНИЙ ПО ЗНАЧЕНИЮ И СОЮЗАМ

По союзам и по значению сложносочиненные предложения делятся на три группы.

1. Сложносочиненные предложения с с о е д и н и -
т е л ь н ы м и союзами *и, да* (в значении *и*), *ни – ни,
тоже, также.* В них перечисляются явления, которые происходят одновременно, или явления, которые следуют одно за другим, например: 1) *Прозрачный лес один чернеет, и ель сквозь иней зеленеет, и речка подо льдом блестит.* (П.) 2) *Сверкнула молния, и вслед за тем послышался резкий удар грома.* (Арс.) 3) *Последние тени сливались, да мгла синела.* (Сераф.) 4) *Ни стрелы не летали, ни пушки не гремели.* (Кр.) 5) *Я ꙍꙍꙍꙍꙍꙍꙍ себя совершенно развитым, Дерсу тоже был болен.* (Арс.)

**2. Сложносочиненные предложения с раздели-
тельными союзами** *или (иль), либо, то – то, не то
– не то.*

В них указывается на чередование явлений, на
возможность одного явления из двух или нескольких, например: 1) *Или я поеду в спортивный лагерь,
или мы с товарищем будем работать в колхозе.* 2) *То
светило солнце, то шел дождь.* (Арс.) 3) *Не то маячи-
ли на той стороне горы, не то это только казалось.*
(Сераф.)

**3. Сложносочиненные предложения с противи-
тельными союзами** *а, но, да* (в значении *но*), *однако, зато, же.* **В них одно явление противопоставляется** другому, например: 1). *Дни поздней осени бранят
обыкновенно, но мне она мила, читатель дорогой.* (П.)
2) *Снег выпал только к Новому году, а до тех пор над
полями лежал холодный туман.* (Пауст.) 3) *Я старался
взглянуть в окно, да оно все было бело от снега и
льда.* (Гиляр.) 4) *Плывем долго. Глаз ждет огонька, однако каждый поворот реки обманывает наши надеж-
ды.* (Кор.) 5) *Жизнь пернатых начала замирать, зато
стала просыпаться жизнь крупных четвероногих.*
(Арс.) 6) *Березы распустились, дубы же стояли обна-
женными.* (Ч.) 7) *Ученье и обед делали дни интересны-
ми, вечера же проходили скучновато.* (Ч.)

229. ЗНАКИ ПРЕПИНАНИЯ В СЛОЖНОСОЧИНЕННОМ ПРЕДЛОЖЕНИИ

Простые предложения, входящие в сложносочиненное предложение, отделяются друг от друга запятыми.

Примечание. Если в сложносочиненном предложении с одиночным соединительным или разделительным союзом имеется общий второстепенный член, относящийся к обоим предложениям, то запятая между ними не ставится, например: *Сейчас брызнет майский дождь* **и** *начнется настоящая гроза.* (Ч.)

СЛОЖНОПОДЧИНЕННЫЕ ПРЕДЛОЖЕНИЯ

230. СТРОЕНИЕ СЛОЖНОПОДЧИНЕННОГО ПРЕДЛОЖЕНИЯ

1. Подчинительные союзы (*что, чтобы, как, словно, если, ибо, так как, хотя* и др.) и **союзные слова** (относительные местоимения и наречия *который, чей, кто, что, где, куда, откуда, почему* и др.), **находясь в придаточном предложении, связывают его с главным.**

Союзы не являются членами придаточного предложения, а союзные слова – являются.

Сравните: 1) *Движение катеров прекратится,* **если** *шторм усилится* (союз *если* связывает придаточное предложение с главным, сам не является членом предложения). 2) *Мы видели новые радиоприемники,* **которые** (=радиоприемники) *выпускает рижский завод* (союзное слово *которые* прикрепляет придаточное предложение к слову *радиоприемники* в главном и является дополнением в придаточном предложении).

2. В главном предложении часто бывают указательные слова *тот, там, туда, оттуда, тогда, столько* **и др., которые указывают, что при нем имеется придаточное предложение, и выделяют его содержание**, например: 1) *Невольно мысли Воропаева*

*вернулись к **тому** дому, у порога которого он сидел.*
(Павл.) 2) *Никогда не беспокой другого **тем,** что можешь сделать сам.* (Л. Т.) 3) *Трудился **так** крестьянин мой, что градом пот с него катился.* (Кр.)

Если придаточное предложение поясняет все главное, то указательные слова могут сливаться с подчинительными союзами. В этом случае образуются составные союзы *(потому что, так как, так что* и т. п.), например: 1) *Лес стоял тихий и молчаливый, **потому что** главные певцы улетели.* (М.-С.) 2) *Легкая четырехчасовая работа почему-то утомила меня, **так что** я не мог ни сидеть согнувшись, ни писать.* (Ч.)

Примечание. От сложноподчиненных предложений с указательными словами надо отличать сложноподчиненные предложения с двойными союзами: *чем – тем, если – то, так как – то* и т. п., например: 1) ***Чем** ближе я подъезжал к дому, **тем** сильнее билось сердце.* 2) ***Если** завтра будет хорошая погода, **то** пойдем за грибами.*

При помощи сокращенных записей внутри квадратных и круглых скобок можно схематически изобразить строение любого сложноподчиненного предложения. Например, строение предложения *Вот дом, в котором я живу* можно представить так:

[...сущ.], (союзн. сл. *который*...).

Из этой схемы следует, что в данном предложении придаточное относится к существительному, прикрепляется союзным словом *который* и стоит после главного.

3. В одних сложноподчиненных предложениях место придаточного неизменно: оно всегда стоит после главного или после того слова в нем, к которому относится, например: 1) *Земля и море погрузились в глубокий мрак, **так что в нескольких шагах нельзя было увидеть рядом идущего.*** (Арс.) 2) *Темно-зеленые дубы и липы, **которыми плотно заросли озерные берега,** четко отражались в неподвижной воде.* (Сол.)

В других сложноподчиненных предложениях место придаточного предложения можно менять, например: 1) *Экспедиция отправится в Арктику завтра, **если будет летная погода.*** 2) ***Если будет летная погода,** экспедиция отправится в Арктику завтра.* 3) *Экспедиция, **если будет летная погода,** отправится в Арктику завтра.*

В сложноподчиненном предложении могут быть два или несколько придаточных, например: 1) *Спрятав лицо в воротник шубы, Фролов задремал и проснулся только тогда, **когда почувствовал, что сани остановились.*** (Н. Ник.) Схематически это предложение можно изобразить так:

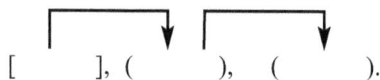

2) *Разжечь войну лишь те хотят сейчас, **кому барыш дороже нашей жизни, кто пьян мечтой рабами сделать нас, кому война – доходный бизнес.*** (Без.)

Вот схема этого предложения:

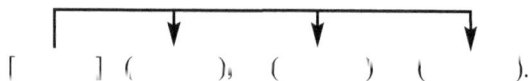

231. ПУНКТУАЦИЯ В СЛОЖНОПОДЧИНЕННОМ ПРЕДЛОЖЕНИИ

> Придаточное предложение отделяется запятой или выделяется запятыми.

ОСНОВНЫЕ ГРУППЫ СЛОЖНОПОДЧИНЕННЫХ ПРЕДЛОЖЕНИЙ ПО ИХ ЗНАЧЕНИЮ

Выделяются три наиболее широкие по значению группы сложноподчиненных предложений: с придаточными определительными, изъяснительными и обстоятельственными; последние в свою очередь делятся на несколько подгрупп.

232. СЛОЖНОПОДЧИНЕННЫЕ ПРЕДЛОЖЕНИЯ С ПРИДАТОЧНЫМИ ОПРЕДЕЛИТЕЛЬНЫМИ

1. Придаточные определительные отвечают на вопрос какой? Они относятся к члену главного предложения, который выражен существительным или другим словом, употребленным в значении существительного, например: 1) *Всю мою жизнь я видел настоящими героями только людей* (к а к и х л ю д е й?), *которые любят и умеют работать.* (М. Г.) 2) *Над долиной* (к а к о й д о л и н о й?), *где мы ехали, спустились тучи.* 3) *Врач подошел к больному* (к к а к о м у больному?), *которому вчера была сделана операция.*

Придаточные определительные прикрепляются к определяемым словам союзными словами *который, что, куда, где* и др. Чтобы выделить определяемое существительное и придаточное предложение, к

197

существительному прибавляется указательное слово, например: *Покажите мне **те** книги, которые лежат на верхней полке.*

Придаточные определительные, относящиеся к существительному, всегда стоят после него, например: *Под вечер мы вышли на поляну, **где рос огромный дуб** и На поляну, **где рос огромный дуб**, мы вышли под вечер.*

2. К определительным придаточным близки местоименно-определительные придаточные, относящиеся не к существительным, а к местоимениям *тот, каждый, весь* и др., употребленным в значении существительного, например: 1) *Каждый, кто честен, встань с нами вместе против огня войны.* (Ош.) 2) *Я поместил в этой книге только **то, что относилось к пребыванию Печорина на Кавказе.*** (Л.)

В отличие от собственно определительных придаточных, относящихся к существительному, местоименно-определительные придаточные могут стоять и перед определяемым словом, например: ***Кто ищет,** тот всегда найдет.* (Л.-К.)

233. СЛОЖНОПОДЧИНЕННЫЕ ПРЕДЛОЖЕНИЯ С ПРИДАТОЧНЫМИ ИЗЪЯСНИТЕЛЬНЫМИ

Придаточные изъяснительные отвечают на падежные вопросы. Они относятся к членам предложения, которые имеют значения речи, мысли или чувства. Это чаще всего глаголы *(сказал, ответил, спросил* и др.; *подумал, вспомнил, решил* и др.; *гордился, обрадовался* и др.); реже другие части речи: прилагательные, наречия, существительные *(рад; известно, ясно, нужно, жаль; разговор, сообщение* и др.), например: 1) *Мы **знаем*** (что знаем?), ***что нам придется вернуться.*** 2) *Недаром **говорится*** (что говорится?), ***что дело мастера боится.*** (Посл.) 3) *Я **хочу*** (чего хочу?), ***чтоб к штыку приравняли перо.*** (Маяк.) 4) ***Говорили*** (о чем говорили?), *будто его видели в городе.* (Бун.) 5) ***Я рад*** (чему рад?), ***что вы успешно закончили свою работу.*** 6) ***Сообщение о том*** (о чем?), ***что космический корабль благополучно приземлился,*** *быстро облетело весь мир.* 7) *Она **дала слово*** (в чем?), ***что выполнит все точно и аккуратно*** (ср.: *Она **обещала, что выполнит все точно и аккуратно**).

Придаточные изъяснительные прикрепляются к поясняемому слову тремя способами: 1) при помощи союзов *что, как, будто, чтобы* (см. примеры выше); 2) при помощи союзных слов, например: Дети **чувствуют** (что чувствуют?), **кто их любит.** (Т.); 3) при помощи частицы *ли,* употребленной в значении союза, например: *Я не знаю* (чего?), **буду ли дома вечером.**

Придаточные изъяснительные могут служить для передачи косвенной речи. С помощью союзов *что, как, будто* выражаются косвенные сообщения, с помощью союза *чтобы* – косвенные побуждения, с помощью союзных слов и союза-частицы *ли* – косвенные вопросы (см. § 222).

В главном предложении при поясняемых словах может быть указательное слово *то,* которое служит для выделения содержания придаточного предложения; сравните, например, *Докладчик говорил, что нужно снарядить экспедицию* и *Докладчик говорил о том, что нужно снарядить экспедицию.*

234. СЛОЖНОПОДЧИНЕННЫЕ ПРЕДЛОЖЕНИЯ С ПРИДАТОЧНЫМИ ОБСТОЯТЕЛЬСТВЕННЫМИ

Большинство обстоятельственных придаточных предложений имеют те же значения, что и обстоятельства в простом предложении, а значит, отвечают на те же вопросы и соответственно делятся на те же виды (см. § 205).

Виды обстоятельственных придаточных	Союзы и союзные слова	Примеры
Образа действия или степени	*Как, сколько, насколько, что, чтобы, будто, как будто, словно и др.*	1) *Ученик все сделал **так**, **как** требовал мастер.* 2) *Ученик все сделал **так** хорошо, **что** мастер его похвалил.*
Места	*Где, откуда, куда*	*Алексей пополз **туда, куда** ушел самолет. (Пол.)*
Времени	*Когда (когда... то), пока, едва, как только, с тех пор как (с тех пор, как), до тех пор пока (до тех пор, пока)и др.*	1) ***Когда** я выбрался из зарослей на луговую дорогу, **то** увидел далеко впереди трех девочек. (Пауст.)* 2) *Дедушка приказал не. будить Танюшу **до тех пор, пока** сама не проснется. (Акс.)*
Условия	*Если (если... то), когда, раз и др.*	***Если** исчезнет воображение, **то** человек перестанет быть человеком. (Пауст.)*

Виды обстоятельственных придаточных	Союзы и союзные слова	Примеры
Причины	*Потому что, оттого что, благодаря тому что, так как, ибо, вследствие того что* и др.	*Лес стоял тихий и молчаливый, **потому что** главные певцы улетели.* (М.-С.)
Цели	*Чтобы, для того чтобы* и др.	*Все молчали, **чтобы** расслышать шорох цветов.* (Пауст.)
Сравнения	*Как, чем, чем — тем, словно, будто, точно* и др.	*Лес стоит молча, неподвижно, **словно** всматривается куда-то своими верхушками и ждет чего-то.* (Ч.)
Уступки	*Хотя, несмотря на то что, пускай, как ни*	1) *Ночь была тиха и светла, **хотя** луны не было.* (Т.) 2) ***Как** мы **ни** старались, в этот день нам удалось дойти только до устья реки.* (Арс.)
Следствия	*Так что*	*Дождь лил как из ведра, **так что** на крыльцо нельзя было выйти.* (Арс.)

201

Как видно из приведенных примеров, большинство придаточных обстоятельственных присоединяется союзами ко всему главному предложению. И только немногие придаточные, например придаточные места, образа действия и степени, присоединяются союзными словами. Обычно в этих случаях союзным словам в придаточном предложении в главном соответствуют указательные слова, например: *так – как, столько – сколько, настолько – насколько, там – где, туда – куда, оттуда – откуда* и др.

Многие обстоятельственные придаточные предложения присоединяются ко всему главному составными союзами *потому что, оттого что, с тех пор как, для того чтобы* **и др. В этом случае запятая ставится один раз: или перед указательным словом, или после него – перед простым союзом, если ударение падает на указательное слово, выделяя его.**

*Пишу открытку, **потому что** нет бумаги. (Ч.)*
*Пишу открытку только **потому, что** нет бумаги.*

Примечания. 1. В союзах *так как, так что* указательное слово и простой союз окончательно слились, поэтому запятая ставится только перед всем составным союзом, например: *Николай Николаевич недаром пользовался уважением и любовью матросов, так как сам любил их. (Станюк.)*

2. Сложноподчиненным предложениям с придаточными условными синонимичны предложения без союзов, в которых повелительное наклонение имеет значение условного, например: *Щепотки волосков лиса не пожалей, остался б хвост у ней.* (Кр.)

3. От придаточных сравнительных надо отличать сравнительные обороты, которые не имеют сказуемых, например: *Росинки блестят,* ***как бриллианты*** (см. § 205).

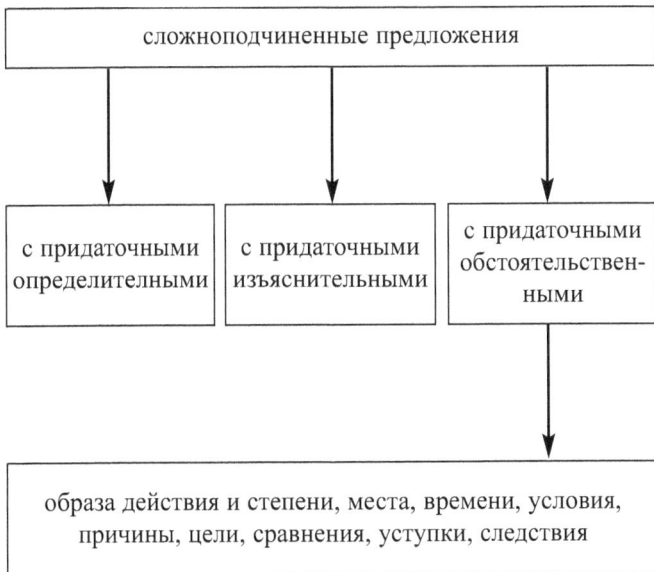

```
┌─────────────────────────────────────────────┐
│        сложноподчиненные предложения          │
└─────────────────────────────────────────────┘
        │                │                │
        ▼                ▼                ▼
┌──────────────┐ ┌──────────────┐ ┌──────────────┐
│с придаточными│ │с придаточными│ │с придаточными│
│определитель- │ │изъяснитель-  │ │обстоятельствен-│
│ными          │ │ными          │ │ными          │
└──────────────┘ └──────────────┘ └──────────────┘
                                          │
                                          ▼
┌─────────────────────────────────────────────┐
│ образа действия и степени, места, времени,    │
│ условия, причины, цели, сравнения, уступки,   │
│ следствия                                     │
└─────────────────────────────────────────────┘
```

СЛОЖНОПОДЧИНЕННЫЕ ПРЕДЛОЖЕНИЯ С НЕСКОЛЬКИМИ ПРИДАТОЧНЫМИ

235. ОСНОВНЫЕ ВИДЫ СЛОЖНОПОДЧИНЕННЫХ ПРЕДЛОЖЕНИЙ С ДВУМЯ ИЛИ НЕСКОЛЬКИМИ ПРИДАТОЧНЫМИ И ПУНКТУАЦИЯ В НИХ

Сложноподчиненные предложения с двумя или несколькими придаточными делятся на следующие виды:

**1. Сложноподчиненные предложения с п о с л е -
д о в а т е л ь н ы м подчинением:** первое придаточное относится к главному (придаточное первой степени), второе – к этому придаточному (придаточное второй степени) и т. д., например: *Виктор попросился в забойщики, потому что он слышал, что это самая почетная профессия на шахте.* (Горб.)

[   ], *(потому* что...глаг.*),*   (союз *что...).*
1-й степени   2-й степени

Если при последовательном подчинении рядом окажутся союзы *что* и *если, что* и *когда, так что* и *хотя* и др., то запятая между союзами ставится. Запятая не ставится в том случае, если далее идет вторая часть союза – *то* или *так.*

Она сказала ему, что, если он болен, надо лечиться.

Она сказала ему, что если он болен, то надо лечиться. (Л. Т.)

[...глаг.], *(что,(если...),...).*

[...глаг.], *(что (если...), то...).*

2. Сложноподчиненные предложения с параллельным подчинением: придаточные относятся к одному общему для них главному предложению и являются разными по значению, например: *Когда мы пришли, отец показал мне несколько крупных окуней и плотиц, которых он выудил без меня.* (Акс.)

(союз *когда* ...), [...сущ.], *(которых...)*.

3. Сложноподчиненные предложения с однородным подчинением: придаточные относятся к одному общему для них главному предложению и являются одинаковыми по значению – однородными (соподчиненными), например: *Светлым солнечным утром, когда еще вовсю распевали птицы, когда еще не просохла роса на тенистых полянках парка, весь лагерь пришел провожать Альку.* (А. Г.)

[обст. вр., *(когда...)*, *(когда...)*, ...]

Однородные придаточные могут иметь при себе сочинительные союзы, перед которыми запятые ставятся так же, как при однородных членах.

Слышно было, как в саду шагал садовник и как скрипела его тачка. (Ч.)

Сонечка писала, что настроение тяжелое, но чтобы он о них не беспокоился. (Пан.)

Он раздражителен и когда здоров, и когда болен.

Яков встал рано утром, когда солнце еще не палило так жарко и с моря веяло бодрой свежестью (М. Г.) (во втором придаточном опущен союз *когда).*

Примечание. Если однородные придаточные распространены и внутри этих предложений есть уже запятые, то они могут отделяться друг от друга **точкой с запятой,** например: *Был тот предночной час, когда стираются очертания, линии, краски, расстояния; когда еще дневной свет путается, неразрывно сцепившись с ночным.* (Шол.)

4. Могут быть и более сложные комбинации придаточных, например: *В воздухе, куда ни взглянешь, кружатся целые облака снежинок, так что не разберешь, идет ли снег с неба или с земли.* (Ч.) Это сложноподчиненное предложение с **параллельным и последовательным подчинением придаточных.**

[обст, м., (*куда ни...*),...], *(так что* глаг.), *(ли...).*

БЕССОЮЗНЫЕ СЛОЖНЫЕ ПРЕДЛОЖЕНИЯ

Смысловые отношения между предложениями в союзных и бессоюзных сложных предложениях выражаются по-разному. В союзных предложениях в их выражении принимают участие союзы, поэтому смысловые отношения здесь более определенные, четкие. Например, союз *если* выражает условие, союз *так как* – причину, *так что* – следствие, *но* – противопоставление и т. д. В бессоюзных предложениях смысловые отношения выражаются менее четко. Так, например, бессоюзное сложное предложение *Лес рубят – щепки летят* можно по смыслу сблизить и со сложносочиненным предложением

Лес рубят, и щепки летят, **и со сложноподчиненным предложением с придаточным условия, прикрепляемым союзом** *если: Если лес рубят, щепки летят.*

Смысловые отношения в бессоюзных сложных предложениях зависят от содержания входящих в них простых предложений и выражаются в устной речи интонацией, а на письме различными знаками препинания.

236. ЗАПЯТАЯ И ТОЧКА С ЗАПЯТОЙ В БЕССОЮЗНОМ СЛОЖНОМ ПРЕДЛОЖЕНИИ

1. Между предложениями, входящими в состав бессоюзного сложного предложения, ставится запятая, если в них перечисляются какие-то факты. В этом случае между предложениями можно поставить союз *и.*

В глазах у меня потемнело, голова закружилась (Л.) (ср.: *В глазах у меня потемнело, и голова закружилась*).
Скрипят клесты, звенят синицы, смеется кукушка, свистит иволга. (М. Г.)

2. Между предложениями, входящими в состав бессоюзного сложного предложения со значением перечисления, может ставиться и точка с запятой, если предложения более распространены (особенно когда внутри предложений есть уже запятые).

Изумрудные лягушата прыгают под ногами; между корней, подняв золотую головку, лежит уж и стережет их. (М. Г.)

237. ДВОЕТОЧИЕ В БЕССОЮЗНОМ СЛОЖНОМ ПРЕДЛОЖЕНИИ

Двоеточие ставится между частями бессоюзного сложного предложения в следующих случаях:

1. Второе предложение указывает причину того, о чем говорится в первом.

Осень и зиму Павел не любил: они приносили ему много физических страданий (Н. О.) (ср.: *Осень и зиму Павел не любил, потому что они приносили ему много физических страданий).*

2. Второе предложение (или несколько предложений) поясняет первое, т.е. раскрывает его содержание.

Степь весело пестреет цветами: ярко желтеет дрок, скромно синеют колокольчики, белеет целыми зарослями пахучая ромашка, дикая гвоздика горит пунцовыми пятнами (Купр.) (ср.: *Степь весело пестреет цветами, а именно: ярко желтеет дрок, скромно синеют колокольчики, белеет целыми зарослями пахучая ромашка, дикая гвоздика горит пунцовыми пятнами).*

3. Второе предложение дополняет смысл первого, распространяя один из его членов (обычно сказуемое).

Павел чувствует: чьи-то пальцы дотрагиваются до его руки выше кисти (Н. О.) (ср.: *Павел чувствует, как чьи-то пальцы дотрагиваются до его руки выше кисти).*

Иногда в первой части сложного предложения опускаются слова *и увидел, и услышал, и почувствовал* и т.д., например: *Он поднял глаза: над садом торжественно и радостно сияло небо* (Бун.) (ср.: *Он поднял глаза и увидел, что над садом торжественно и радостно сияло небо).*

Примечание. В некоторых случаях по усмотрению автора текста вместо двоеточия может быть поставлена запятая, например: *Слышу, земля задрожала.* (Н.)

238. ТИРЕ В БЕССОЮЗНОМ СЛОЖНОМ ПРЕДЛОЖЕНИИ

Тире ставится между предложениями, входящими в бессоюзное сложное предложение, в следующих основных случаях:

1. Содержание одного предложения противопоставляется содержанию другого.

Чин следовал ему – он службу вдруг оставил (Гр.) (ср.: *Чин следовал ему, а он службу вдруг оставил).*

2. Первое предложение указывает на время или условие того, о чем говорится во втором предложении.

Настанет утро – двинемся в путь (ср.: *Когда настанет утро, двинемся в путь).*

Назвался груздем – полезай в кузов (Посл.) (ср.: *Если назвался груздем, полезай в кузов).*

3. Второе предложение заключает в себе вывод, следствие из того, о чем говорится в первом предложении.

Солнце дымное встает – будет день горячий (Твард.) (ср.: *Солнце дымное встает, так что будет день горячий).*

Примечание. Тире ставится, если предложения рисуют быструю смену событий, например: *Сыр выпал — с ним была плутовка такова* (Кр.)

СЛОЖНЫЕ ПРЕДЛОЖЕНИЯ С РАЗЛИЧНЫМИ ВИДАМИ СВЯЗИ

239. СЛОЖНЫЕ ПРЕДЛОЖЕНИЯ С РАЗЛИЧНЫМИ ВИДАМИ СОЮЗНОЙ И БЕССОЮЗНОЙ СВЯЗИ

В сложном предложении, состоящем из нескольких предложений, одни из них могут соединяться при помощи сочинительных союзов, другие – при помощи подчинительных союзов или союзных слов, третьи – без союзов. Чтобы правильно понять смысл такого сложного предложения, нужно посмотреть, из каких частей оно состоит, потому что два или даже три тесно связанных по смыслу предложения могут составлять одну сложную часть, например: 1) *Лишь изредка, если вблизи замечалась лодка или что-нибудь подозрительное, скользил по воде яркий луч прожектора, но через минуту-две он мгновенно исчезал, и тогда снова водворялась тьма* (Н.-Пр.) – сложное предложение с различными видами связи: сочинительной и подчинительной; состоит из трех частей, соединенных сочинительными союзами *но* и *и;* первая часть по своему строению – сложноподчиненное предложение с придаточным условным (с союзом *если),* стоящим внутри главного; вторая и третья части – простые предложения. Вот схема этого сложного предложения:

$$\begin{array}{ccc} 1 & 2 & 3 \\ \boxed{[, (\text{если...}),]} \;,\, \textit{но}\; [\quad\quad]\,,\, \textit{и}\; [\quad\quad]. \end{array}$$

2. *Медленно, длинными зигзагами поднимался кара-*
ван по белому склону все выше и выше; казалось, что
конца не будет подъему (Обр.) – сложное предложение
с бессоюзной и союзной связью, состоит из двух частей, соединенных бессоюзной связью; первая часть –
простое предложение, вторая часть – сложноподчиненное предложение с придаточным изъяснительным. Вот
схема этого предложения:

1   2
[   ];   [   ], (*что...*).

240. ПУНКТУАЦИЯ В СЛОЖНЫХ
ПРЕДЛОЖЕНИЯХ С РАЗЛИЧНЫМИ
ВИДАМИ СВЯЗИ

**В сложных предложениях с сочинительной и под-
чинительной связью рядом могут оказаться сочинительный и подчинительный союзы. Запятая между
ними ставится тогда, когда после придаточного предложения нет второй части двойного союза** *(то, так)*
или союза *но.*

По сумрачному небу носились густые тучи, и, хотя
шел только третий час дня, было темно. Сравните: *По*
сумрачному небу носились густые тучи, и хотя шел
только третий час дня, но было темно. (Н. Ник.)

В последнем случае между союзами *и* и *хотя* запятая
не ставится, так как после уступительного придаточного
стоит союз *но.*

ДОПОЛНИТЕЛЬНАЯ ИНФОРМАЦИЯ

241. ОСНОВНЫЕ ОРФОЭПИЧЕСКИЕ НОРМЫ СОВРЕМЕННОГО РУССКОГО ЛИТЕРАТУРНОГО ЯЗЫКА

В литературном языке произношение подчиняется определенным правилам, нормам.

Существует словарь-справочник "Русское литературное произношение и ударение", под редакцией Р. И. Аванесова и С. И. Ожегова. В нем имеются правила русского произношения и более 50 тысяч слов с указанием их литературного произношения. В случае сомнения в правильности произношения того или иного слова следует справляться в указанной книге.

Основные правила русского литературного произношения следующие:

1. В первом предударном слоге вместо *о* произносится *а*, например, в словах *гора, сова* ("гара", "сава").

2. Все согласные произносятся в конце слов глухо: *б* как *п* («лоп» вместо *лоб);* *в* – *ф* («роф» вместо *ров),* *г* – *к* («лук» вместо *луг);* *д* – *т* («рот» вместо *род);* *з* – *с* («вос» вместо *воз*) и т. д.

3. В окончаниях родительного падежа *-ого* и *-его (кого, синего* и т. п.) вместо *г* произносится *в.*

4. Сочетание *чн,* как правило, произносится в соответствии с написанием, например: *античный, вечный,*

дачный, качнуть, Млечный Путь, ночной, отлично, по-
рочный, прочный, точный и др. Однако в некоторых
словах сочетание чн произносится не так, как пишется,
а по-другому – *шн*, например: *конечно, скучно, нарочно,*
яичница, пустячный, скворечник, прачечная, Саввична,
Никитична, Фоминична и др.

В некоторых словах допускается двоякое произношение, т. е. и чн и шн, например: *булочная,сливочный,*
молочный, гречневый. коричневый и др.

5. Сочетание *чт*, как правило, произносится в соответствии с написанием, например: *мачта, мечта, не-*
что, ничтожный, почтить, прочти, учти и др. Но в
союзе *что* и в местоимении *что*, а также в производ-
ных от них словах пишется *чт*, а произносится *шт*, например: *что, чтобы, что-то, кое-что* и т. п.

6. В некоторых сочетаниях согласных *(стн, здн* и
некоторых других) происходит выпадение звука, хотя
на письме буква и пишется, например: *устный, мест-*
ность, наместник, наездник, солнце, лестница, окре-
стности, поздно, чувства.

7. В иноязычных словах часто пишутся двойные согласные, например: *касса, ассигновать*. В одних словах
они и произносятся как двойные, например: *ванна, кас-*
са, масса, гамма, капелла. В других словах они произносятся как одиночные, например: *аккуратно, акком-*
панемент, аккорд, ассигновать, грамм, баллон, ме-
талл, металлический, балласт, баллотировка, суббо-
та, группировать, беллетристика, терраса, корре-
спондент, корректный, теннис, аннулировать, гриппоз-
ный.

8. Во многих иноязычных словах после согласных пишется *е*, а произносятся согласные твердо, как будто после них написано *э*, например: *ателье, атеист, декольте, денди, кафе, кашне, партер.*

Но в целом ряде заимствованных слов согласные перед *е* произносятся мягко, например: *академия, декада, декан, демагог, демон, мезонин, музей, одеколон, пионер, темпы, фанера, фланель,*

9. Слова французского происхождения обычно имеют ударение (как и в своем родном языке) на последнем слоге: *портфе́ль, докуме́нт, шофе́р, парте́р, магази́н* и др. Это правило относится к французским именам и фамилиям: *Викто́р Гюго́, Эми́ль Золя́, Луи́ Араго́н.*

10. В возвратных глаголах на конце пишется *ться* или *тся* (умываться, умывается), а произносится одинаково – *цца.*

11. В начале некоторых слов пишется *сч*, а произносится *щ*, например: *счастье, счет.*

В конце настоящего справочника помещен небольшой словарь "Произноси правильно", в который включены некоторые из слов, традиционно вызывающих у носителей языка затруднения с произнесением.

242. ПРАВИЛА ПЕРЕНОСА СЛОВ

Если слово не умещается на строке, то часть его переносят на другую строку. Основные правила переноса сводятся к следующим:

1. Слово переносится по слогам: *го-род, то-ва-рищ.*

2. При стечении согласных разделение слова свободное: *ве-сна* и *вес-на; кре-стьянин* и *кресть-янин*.

3. Буквы *ъ, ь, й* нельзя отделять от предшествующих букв: *бой-цы, боль-шой, подъ-езд*.

4. При переносе слов с приставками нельзя переносить согласную в конце приставки, если далее следует согласная же, т. е. нельзя делить: «по-дходить, ра-звязать», а нужно: *под-ходить, раз-вязать*.

Примечание. Кроме указанных основных правил, при переносе слов необходимо учитывать еще следующие правила:

1) не оставлять на предыдущей строке и не переносить на следующую строку одну букву: *мол-ния* (а не *"молни-я"), яр-кий* (а не *"я-ркий"*);

2) если за приставкой на согласную стоит буква *ы*, переносить часть слова, начинающуюся с *ы*, не разрешается, т. е. следует переносить: *ра-зыскать* или *разыскать* (а не *"раз-ыскать"*);

3) при переносе слов с приставками не следует оставлять в конце строки при приставке начальную часть корня, не составляющую слога: *при-слать* (а не *"прис-лать"), от-странять* (а не *"отс-транять"*);

4) при переносе сложных слов не следует оставлять в конце строки начальную часть второй основы, если эта часть не составляет слога: *пятиграм-мовый* или *пяти-граммовый* (а не *"пятиг-раммовый"*);

5) не следует оставлять в конце строки или переносить в начало следующей две одинаковые согласные, стоящие между гласными: *жуж-жать* (а не *"жу-жжатъ"), мас-са* (а не *"ма-сса"), кон-ный* (а не *"ко-нный"*); это правило не относится к начальным

215

двойным согласным корня, например: *со-жженный, по-ссорить* (см. п. 3), а также к двойным согласным второй основы в сложных словах, например: *ново-вве-дение* (см. п. 4).

Из изложенных правил следует, что многие слова можно переносить различными способами *(класс-ный, клас-сный; без-умный, бе-зумный);* при этом следует предпочитать такие переносы, при которых не разбиваются значащие части слова (перенос *класс-ный* лучше, чем перенос *клас-сный;* перенос *без-умный* лучше, чем *бе-зумный).*

243. ОСНОВНЫЕ СЛУЧАИ УПОТРЕБЛЕНИЯ ПРОПИСНЫХ (БОЛЬШИХ) БУКВ

Прописная буква пишется: 1) в заглавиях, 2) в первом слове текста и 3) в начале предложения после точки, многоточия, вопросительного и восклицательного знаков, а также после двоеточия, за которым следует прямая речь.

Прописная буква пишется в именах собственных, например: *Маяковский, Моссовет, фабрика "Скоро-ход", драма "Гроза", собака Стрелка, Земля, Луна* (названия планет), *Кавказ* и др.

Примечания. 1. Родовые названия (город, улица, фабрика, парк, залив, мыс и др.) пишутся в названиях имен собственных со строчной (маленькой) буквы. Например: *Целинный край, город Рига, улица Ермоловой, река Клязьма, стадион Динамо.*

2. Названия литературных произведений, журналов, газет, предприятий и др. обычно выделяются кавычками. Например: *повесть "Белая гвардия", газета "Известия", журнал "Юность", фирма "Мир".*

3. Имя нарицательное, употребляющееся для обозначения единичного предмета, приобретает значение имени собственного и пишется с прописной буквы. Например: *Родина* (Россия), *год Победы* (1945 год, разгром фашистской Германии), *Запад* (страны Западной Европы в их совокупности). Притяжательные имена прилагательные, образованные от имен собственных людей, пишутся с прописной буквы, если они имеют в своем составе суффикс *-ов, (-ев)* или *-ин* (без последующего суффикса *-ск),* например: *Тарасов отец, Мишина книга, Катино горе.*

П р и м е ч а н и е . Названия месяцев, дней недели и стран света пишутся со строчной буквы: *май, воскресенье, северо-восток.*

Имя собственное может состоять не только из одного слова, но также из сочетания двух и более букв.

П р и м е ч а н и е . Служебные слова (предлоги и союзы) и слова *партия, орден, степень* пишутся в именах собственных со строчной буквы. Например, *Ростов-на-Дону, орден Славы I степени.*

Когда имена собственные состоят из сочетания слов, прописная буква в них пришется: или в каждом слове названия, или только в первом слове названия имени собственного.

1. Прописная буква пишется в каждом слове сочетания в следующих случаях:

а) в названиях отдельных лиц: *Александр Невский, Козьма Захарьич Минин-Сухорук;*

б) в названиях географических и административно-территориальных: *Новгород-Северский, Нижний Тагил, Старый Оскол, Китайская Народная Республика;*

в) в названиях некоторых международных организаций: Организация Объединенных Наций, Общество Красного Креста и Красного Полумесяца;

г) в существительных, условно называющих предмет в сложных именах именах собственных: *Малые Кочки* (улица), *Ясная Поляна* (усадьба), *Большая Медведица* (созвездие). (Например, *"Поляна"*, конечно, только условное название для целой усадьбы со строениями, парком, лесом, рекой и пр.);

д) в названиях орденов: *орден Славы I степени.*

2. Прописная буква пишется только в первом слове в следующих группах имен собственных:

а) в названиях праздников, исторических событий и знаменательных дат: *Первое мая* (или *1-е Мая), Международный женский день, Новый год* (но *Великая Отечественная война), Девятое января* (или *9-е Января);*

б) в названиях учреждений и организаций, центральных и местного значения, а также в названиях высших учебных заведений, промышленных и торговых организаций, зрелищных предприятий и т. п.: *Министерство иностранных дел России, Уфимский городской совет, Волгоградский тракторный завод, Московский текстильный институт.*

Если в составе названия находится имя собственное, то оно пишется с прописной буквы, например: *Литературный институт имени А. М. Горького;*

в) в выделяемых кавычками названиях литературных произведений, газет, журналов, предприятий: *пьеса "Вишневый сад", газета "Комсомольская правда", журнал "Новый мир", завод "Серп и молот".*

Примечание. Из одних прописных букв состоят сложносокращенные слова (аббревиатуры), в которые входят первые буквы нескольких слов. Например: *ГИБДД, МГУ.*

В середине слов нельзя ставить знаков препинания, следовательно, нельзя ставить точек между прописными буквами в сложносокращенных словах.

ОБЩИЕ СВЕДЕНИЯ О ЯЗЫКЕ

244. РОЛЬ ЯЗЫКА В ЖИЗНИ ОБЩЕСТВА. ЯЗЫК КАК ИСТОРИЧЕСКИ РАЗВИВАЮЩЕЕСЯ ЯВЛЕНИЕ

1. Язык принадлежит к тем общественным явлениям, которые действуют на протяжении всего существования человеческого общества. Язык является средством, при помощи которого люди общаются друг с другом, передают свои мысли, желания, чувства.

Язык теснейшим образом связан с мышлением, сознанием людей. В словах, словосочетаниях и предложениях закрепляются результаты работы мышления человека, все, что люди познают в окружающей их действительности.

Язык возник в глубокой древности из потребности общения людей в процессе их трудовой деятельности. Язык помогал людям понимать друг друга, объединяться для добывания средств существования, для организации производства и борьбы с силами природы. Развитие языка позволило людям закреплять свой разнообразный опыт, передавать его из поколения в поколение, что содействовало совершенствованию орудий труда и способов добывания всего необходимого, а значит, и повышению материального уровня жизни, прогрессу науки, техники, культуры, т. е. развитию человеческого общества.

2. Родственные, близкие по происхождению народы имеют родственные языки, которые по своему словарю и грамматике ближе друг к другу, чем к другим языкам. Так, все славяне говорят на родственных языках, потому что все славянские языки возникли из общего языка-основы, или **общеславянского языка.** Изучая историю отдельных славянских языков: русского, украинского, белорусского, болгарского, польского и др., – мы узнаем, как эти языки образовались и развивались под влиянием своеобразных для каждого народа экономических, политических, географических условий.

Образование национальных языков происходит одновременно с формированием наций. Национальный язык является одним из важнейших признаков нации.

3. Будучи средством общения людей, язык тесно связан с жизнью общества. Изменения в общественной жизни находят отражение в языке. Наиболее чуток в этом отношении словарный состав языка. Уход из жизни тех или иных понятий, предметов и, наоборот, появление новых вызывает изменения в словарном составе языка. Так, в эпоху Пушкина люди ездили в *кибитках* и *бричках,* тащились в *возках* и т . д. Потом появились *паровозы, пароходы,* затем – *теплоходы, электровозы, самолеты, воздушные лайнеры, атомоходы.* Ушли из жизни *ямщики* и *станционные смотрители, богадельни* и *попечители богоугодных заведений, камергеры, фрейлины* и *пажи.* И вместе с ними вышли из общего употребления соответствующие слова.

Однако значительная часть слов сохраняется в языке в общем употреблении на протяжении многих веков. Это такие слова, как *вода, земля, небо, огонь, река, лес, дорога, хлеб, человек, ходить, делать, работать, видеть, слышать, говорить, веселый, грустный, легкий, тяжелый, нужно, можно, хорошо, плохо, два, три, я, ты, мы* и многие другие. Таким образом создается необходимая устойчивость языка, обеспечивающая преемственность в его использовании разными поколениями людей.

Происходят изменения и в **грамматике** языка, и в его **фонетике.**

Даже в языке А. С. Грибоедова, А. С. Пушкина и других писателей начала 19 в. есть такие формы слов, которые в современном русском языке уже не употребляются. Например, в романе "Евгений Онегин" Пушкин пишет: *Бывало, он еще в постеле, ему записочки несут (в постеле* – форма предложного падежа от существительного *постеля;* современное *постель – в постели).* В комедии А. С. Грибоедова Фамусов говорит: *Ешь три часа, а в три дни не сварится* (современное *в три дня;* ср. наречие *пополудни).*

Примером прежнего, теперь уже устаревшего произношения может служить произнесение слов типа *четверг, верх, первый* с мягким [р']. Сейчас в таких словах произносят [р] твердый.

За более длительное время в грамматике и фонетике могут происходить и более значительные изменения. Так, в древнерусском языке краткие прилагательные склонялись, как существительные, и могли быть согласованными определениями при существительных *(добр конь, добра коня, добру коню* и т. д.). С течением времени краткие прилагательные эту способность

221

утратили. Они теперь употребляются как сказуемые и изменяются только по числам, а в единственном числе и по родам.

Однако до сих пор в некоторых фразеологических оборотах и в составе многих наречий мы обнаруживаем следы склонения таких прилагательных, например: *средь бела дня; от мала до велика; мал мала меньше; не по хорошему мил, а по милу хорош* и др.; *свысока* (род. п. с предлогом *с*), *дочиста* (род. п. с предлогом *до*), *попусту* (дат. п. с предлогом *по*) и т. д.; сравните также: *подобру-поздорову, мало-помалу* и др.

Можно обнаружить формы косвенных падежей кратких прилагательных и в произведениях народного творчества, донесших до нас из глубины веков старинные формы: *добра молодца, к синю морю* и т. д.

245. РУССКИЙ ЛИТЕРАТУРНЫЙ ЯЗЫК И ЕГО СТИЛИ

1. Русский национальный язык неоднороден по своему составу. В нем прежде всего выделяется язык литературный. Это высшая форма национального языка, определяемая целой системой норм. Они охватывают все его стороны: письменную и устную разновидность: произношение, лексику, словообразование, грамматику. Например, в литературном языке нельзя употреблять такие формы, как *"вы хочете", "мое фамилие", "они побегли";* надо говорить *вы хотите, моя фамилия, они побежали;* нельзя пользоваться вместо слов *хорошо* областным словом *баско,* вместо слова *сосед* словом *шабер,* не следует произносить *е[г]о, ску[ч]но,* а надо произносить *е[в]о, ску[ш]но* и т. д. Нормы описываются в учебниках, специальных справочниках,

222

а также в словарях (орфографических, толковых, фразеологических, синонимов и др.).

Литературный язык, письменный и устный, – это язык радио и телевидения, газет и журналов, государственных и культурных учреждений.

Русский литературный язык делится на ряд стилей в зависимости от того, где и для чего он используется. Так, в быту при общении с близкими людьми мы часто употребляем такие слова и предложения, которые не употребим в официальных деловых бумагах, и наоборот. Например, в заявлении, в объяснительной записке вполне уместна такая фраза: *За неимением необходимого количества автотранспорта разгрузка прибывших вагонов со стройматериалами была задержана на одни сутки.* При обращении же к товарищам по работе эту же мысль выражают, например, так: *Сегодня было мало машин. На день задержались с разгрузкой вагонов.*

2. Многие слова и формы слов и предложений русского литературного языка употребляются во всех его стилях. Такие слова и формы называются о б щ е л и т е р а т у р н ы м и или с т и л и с т и ч е с к и н е й т р а л ь н ы м и, например: *ветер, весна, зима, школа, окно, газета, книга; чистый, новый, старый; жить, работать, идти; сегодня, завтра, хорошо, плохо; один, пять, десять; я, ты, мы* и т. д. Стилистически нейтральны и предложения с двумя главными членами и простым согласованным глагольным сказуемым и др.

На фоне этого огромного пласта современных стилистически нейтральных широкоупотребительных

223

слов и форм, составляющих основу любого из стилей, выделяются слова и формы, более ограниченные по всему использованию, характерные только для определенного стиля.

В бытовой устной речи (разговорный стиль) нередко употребляются разговорно-бытовые слова и формы, которые придают речи непринужденный характер, позволяют говорящему выразить различные чувства, например: *вымахал* (нейтральное – *вырос), мешкать (медлить), окошко (окно)*. Разговорными являются слова с уменьшительно-ласкательными суффиксами *(братец, тоненький, сыночек* и др.), глагольные формы типа *стук, бряк, прыг* и многие другие. Здесь употребляются по преимуществу простые предложения; широко представлены неполные предложения, так как разговорная речь – чаще всего диалог.

В научной речи (научный стиль) значительную роль играет специальная лексика, или терминология, состоящая из терминов – слов с точно определенным значением. В каждой отрасли науки есть свои термины, например: *катет, гипотенуза, синус, косинус, тангенс* (математические термины); *суффикс, морфология, склонение, спряжение, глагол, подлежащее* (грамматические термины); *окисел, ангидрид, этил* (химические термины) и т. д. Главное в научных трудах – это точное выражение мыслей, поэтому эмоциональная лексика здесь встречается сравнительно редко.

В научном стиле широко употребляются сложноподчиненные предложения, вводные слова, указывающие на порядок мыслей, и др., позволяющие точно и ясно выразить мысль.

В газетных и журнальных статьях, в выступлениях на общественно-политические темы (публицистический стиль), естественно, большое место занимает общественно-политическая лексика, например: *государство, партия, классовый, мобилизовать, массы, борьба, активный* и многие другие. В публицистике широко используются слова и обороты, окрашенные эмоциями торжественности, сочувствия, иронии, негодования и т. д.; употребляются всякого рода фразеологические сочетания, пословицы, поговорки.

В официально-деловой речи: постановлениях, протоколах, заявлениях и т. п. (деловой стиль) – употребляются свои слова-термины и много стандартизированных словосочетаний, например: *резолюция, полномочный представитель, вынести постановление, считать недействительным, во исполнения решения* и т. д. В деловом стиле эмоционально окрашенная лексика вообще не употребляется.

Итак, в литературном языке выделяются следующие основные стили: разговорный и книжные – научный, деловой, публицистический.

Соответственно и все те слова и формы, которые характерны для каждого из этих стилей, оцениваются или как разговорные, или как книжные.

3. Особое место в литературном языке занимает стиль художественной литературы. В художественном произведении слово не только несет определенную информацию (сообщает о чем-то), но и служит для эстетического воздействия на читателя при помощи художественных образов. Чем ярче и правдивее образ, тем сильнее он воздействует на читателя. Выбирая единственно необходимые в каждом случае слова, писатели создают яркие и запоминающиеся образы родной природы и народной жизни, рисуют духовный мир своих героев, передают их речь во всем ее своеобразии.

В своих произведениях писатели изображают различные исторические эпохи; героями художественных произведений могут быть представители разных классов и социальных групп; действие может развертываться в самых разных местах. Поэтому для реалистического воспроизведения действительности, для того, чтобы создать правдивые речевые характеристики героев, вызвать у читателя более точные представления об определенной исторической эпохе, о том месте, где развивается действие, писатели используют, когда это нужно, не только слова и формы литературного языка, но и устарелые, диалектные и просторечные. Так, умелым использованием диалектизмов отличается язык М. А. Шолохова. Рисуя в романах "Тихий Дон", "Поднятая целина" жизнь донского казачества, автор вместо литературных слов *изба, дом* употребляет слово *курень;* место на дворе, огороженное для скота, называется *базом* и т. д. В романе А. Н. Толстого "Петр I" для воссоздания исторической эпохи широко используются слова устарелые, например: *челобитная* (прошение), *приказ, сенат* (правительственные учреждения), *боярин* и многие другие.

Широко используют писатели и языковые средства разных стилей русского литературного языка, в том числе и разговорного, например: *Наконец под вечер, когда и люди и кони уже **порядком** устали, ямщик сказал: – **Ну**, вот и приехали! За этим **мыском** поворот.*

*Весело взвизгнув, Чук и Гек вскочили, но сани **дернули,** и они дружно **плюхнулись** в сено.* (А. Г.).

226

ОБОБЩАЮЩИЕ ТАБЛИЦЫ ПО РУССКОМУ ЯЗЫКУ

ТАБЛИЦЫ ПО ГРАФИКЕ, ОРФОГРАФИИ, ЛЕКСИКЕ, СЛОВООБРАЗОВАНИЮ И МОРФОЛОГИИ

Таблица 1

ПРАВОПИСАНИЕ ГЛАСНЫХ В КОРНЯХ СЛОВ

```
                    ┌─────────────────────┐
                    │  Безударные гласные  │
                    └─────────────────────┘
              ┌─────────────┴──────────────┐
    ┌──────────────────┐          ┌──────────────────┐
    │  непроверяемые   │          │   проверяемые    │
    └──────────────────┘          └──────────────────┘
                    ┌─────────────────────┐
                    │    чередующиеся      │
                    └─────────────────────┘
```

проверяются ударением -зо́р- – -зар- -го́р- – -га́р-	проверяются суффиксом *-а-* -бир-(а) – -бер- -мир-(а) – -мер- -кас-(а) – -кос- и др.	проверяются согласной корня -раст- – -ращ- – -рос- (исключения: *росток, отрасль*) -лаг- – -лож-

227

Ударные и безударные гласные после шипящих и *ц*
1. Буквы *ё – о* после шипящих: *жёлудь; крыжовник; шоссе*
2. Буквы *а, у, и* после шипящих: *участники, чудовище, животное; брошюра*
3. Буквы *и – ы* после *ц*; *цифры, цыган*

Таблица 2

ПРАВОПИСАНИЕ СОГЛАСНЫХ В КОРНЕ СЛОВА

Проверяемые глухие и звонкие согласные	*просьба – просить* *ползти – ползу* *труд – труды*
Проверяемые непроизносимые согласные	*поздний – опоздать* но: *ужасный – ужас*
Непроверяемые согласные	*футбол* *чувствовать* *коммуна*

ХАРАКТЕРИСТИКА СЛОВА
КАК ЕДИНИЦЫ ЛЕКСИКИ

1. Характеристика лексического значения слова	1. Однозначное или многозначное слово. 2. Употреблено в прямом или переносном значении. 3. Имеются ли в языке синонимы или антонимы.
2. Характеристика слова по употребительности	1. Общеупотребительное или ограниченного употребления. 2. Если ограниченного употребления: а) профессиональное; б) диалектное.
3. Стилистическая характеристика слова	Стилистически нейтральное, книжное или разговорное.
4. Характеристика слова по происхождению	Исконно русское или заимствованное.
5. Характеристика слова по времени появления в языке	Является ли слово устаревшим или неологизмом.

ИЗМЕНЕНИЯ В СЛОВАРНОМ СОСТАВЕ ЯЗЫКА

Появление новых слов (неологизмов), образованных разными способами от имеющихся корней: *прилуниться, луноход*	

| Появление слов, заимствованных из других языков: *экскаватор, оптимист, силуэт* | Словарный состав языка | Появление новых значений у слов: *Дать разумный совет; Совет Федерации* |

Превращение общеупотребительных слов в устаревшие: *ямщик, полицмейстер*	

ОСНОВНЫЕ СПОСОБЫ ОБРАЗОВАНИЯ СЛОВ В РУССКОМ ЯЗЫКЕ

Способ образования	Примеры
1. С помощью приставок	*Нечерноземье ← черноземье, дезинформировать ← информировать*
2. С помощью суффиксов	*человечный ← человек*
3. Одновременное присоединение приставки и суффикса	*безделушка ← дело размечтаться ← мечтать*
4. Бессуффиксальный способ	*переход ← переходить*
5. Сложение:	
а) целых слов	*летчик-космонавт*
б) двух основ	*картофелесажалка*
в) частей основы с целым словом	*сельхозтехника*
г) частей основ	*1) универмаг 2) ВДНХ 3) вуз*

ПРАВОПИСАНИЕ *О – Е* ПОСЛЕ ШИПЯЩИХ И *Ц* В СУФФИКСАХ И ОКОНЧАНИЯХ

Имена существительные и прилагательные	
Под ударением – *о*	Без ударения – *е*
В суффиксах:	
1) *движо́к, медвежо́нок, рубашо́нка* 2) *свинцо́вый, отцо́вский*	1) *овра́жек, до́ченька* 2) *плю́шевый, дру́жеский*
В окончаниях:	
1) *пыльцо́й, шалашо́м, молодцо́в* 2) *большо́го, чужо́му*	1) *ту́чей, това́рищем, доброво́льцев* 2) *хоро́шего, колю́чему*
Наречие	
горячо́	*могу́че*
Глагол и его формы – всегда *ё:* *жжёт, толчёшь, окружённый*	
Запомнить: в словах, образованных от глаголов, пишется ё: *ночёвка ← ночевать*	

ФОРМЫ ГЛАГОЛА В РУССКОМ ЯЗЫКЕ

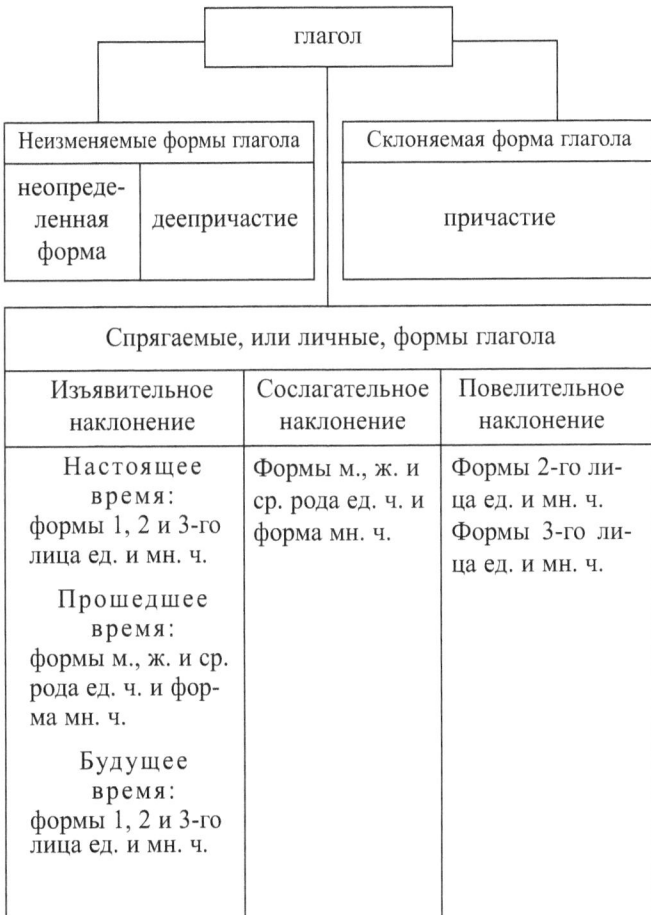

глагол	
Неизменяемые формы глагола	**Склоняемая форма глагола**
неопределённая форма / деепричастие	причастие

Спрягаемые, или личные, формы глагола		
Изъявительное наклонение	Сослагательное наклонение	Повелительное наклонение
Настоящее время: формы 1, 2 и 3-го лица ед. и мн. ч. Прошедшее время: формы м., ж. и ср. рода ед. ч. и форма мн. ч. Будущее время: формы 1, 2 и 3-го лица ед. и мн. ч.	Формы м., ж. и ср. рода ед. ч. и форма мн. ч.	Формы 2-го лица ед. и мн. ч. Формы 3-го лица ед. и мн. ч.

ПРАВОПИСАНИЕ *Н* И *НН*

Пишется *н*	Пишется *нн*
Имя прилагательное	
В прилагательных с суффиксами -*ан*-, *ян*-, -*ин*-, -*н*- Исключения: *стеклянный, оловянный, деревянный*	В прилагательных с суффиксами -*онн*-, -*енн*- В прилагательных с суффиксом -*н*-, если корень оканчивается на -*н*-
Причастие	
В кратких страдательных причастиях	В полных страдательных причастиях (как правило, они имеют приставку или зависимое слово) В полных страдательных причастиях совершенного вида без приставок и зависимых слов
Прилагательные, образованные от глаголов	
В полных прилагательных, если нет приставки (кроме *не*-) В словах *кованый, жеваный*	В полных прилагательных, если есть приставка (кроме *не*-) В прилагательных на -*ован-ный* (-*еванный*)
Наречие	
Если в прилагательном, от которого образовано наречие, одна буква *н*	Если в прилагательном, от которого образовано наречие, две буквы *н* (*нн*)
Запомнить: *ветреный, безветренный, смышленый, приданое, нежданно-негаданно.*	

УПОТРЕБЛЕНИЕ *ь* ПОСЛЕ ШИПЯЩИХ В КОНЦЕ СЛОВ

ь пишется	*ь* не пишется
Глагол	
подстеречь, *восхищаешься,* *вырежь,* *подрежьте*	—
Имя существительное	
У существительных 3-го склонения: *молодежь, полночь, ретушь, помощь*	У существительных 1-го и 2-го склонения: *стеллаж, матч, карандаш, товарищ; краж, телепередач, катюш, рощ*
Наречие	
После *ш* и *ч:* *наотмашь, вскачь*	После *ж: замуж, уж, невтерпеж* Исключение: *настежь*
Краткое прилагательное	
—	*могуч*

ПРАВОПИСАНИЕ *НЕ* С СУЩЕСТВИТЕЛЬНЫМИ, ПРИЛАГАТЕЛЬНЫМИ И НАРЕЧИЯМИ НА *-О (-Е)*

НЕ пишется слитно	*НЕ* пишется раздельно
1) Слово без *не* не употребляется: *неженка, невежественный, негодующе* 2) Слово с *не* может быть заменено синонимом: *неискренность (лицемерие), непопулярный (малоизвестный), недоброжелательно (враждебно)*	1) В предложении имеется противопоставление: *не дружелюбие, а вражда; не естественный, а искусственный; не доверчива, а подозрительна* 2) Отрицание усилено словами *далеко, вовсе, ничуть, нисколько, никогда: вовсе не оптимист, нисколько не симпатичный, ничуть не гуманно*

ТАБЛИЦЫ ПО СИНТАКСИСУ И ПУНКТУАЦИИ

СПОСОБЫ ВЫРАЖЕНИЯ ПОДЛЕЖАЩЕГО

1. Существительное или местоимение в именительном падеже.

а) *Бессмертна в веках наша правда святая.*

(А. Сурков).

б) *Это мы разбудили дремотные дали и мечту отстояли упорством самыми.*

(А. Сурков).

в) *Много мнит лишь тот, кто может мало* (Б. Мозолевский).

2. Другие части речи в значении именительного падежа существительного, неопределенная форма глагола.

а) *У сильного всегда бессильный виноват.* (И. А. Крылов).

б) *Последующее разыгралось с изумительной быстротой.* (М. Шолохов).

в) *Сто сорок третий в Рябово не пришел.* (Н. Григорьев).

г) *Завтра наступит быстрее, если за него бороться сегодня.*

д) *Жить – родине служить.* (Пословица).

3. Сочетание слов, где одно из слов обычно имеет форму именительного падежа (синтаксически цельное словосочетание, составное цельное наименование или фразеологический оборот).

а) *В песчаных степях аравийской земли три гордые пальмы высоко росли.* (М. Лермонтов).

б) *Холодные волны вздымает лавиной широкое Черное море.* (А. Жаров).

в) *Там целыми полями цвели анютины глазки.* (К. Паустовский).

ПРОСТОЕ И СОСТАВНОЕ СКАЗУЕМОЕ

1. *У ручья трава зазеленела (зазеленеет, зазеленела бы).*

простое глагольное сказуемое	=	глагол в форме какого-либо наклонения (выражает лексическое и грамматическое значения)

2. *У ручья трава стала (начала, продолжала, могла) зеленеть.*

составное глагольное сказуемое	=	вспомогательный глагол (выражает главным образом граммат. значение)	+	неопределенная форма глагола (выражает основное лексическое значение)

3. *У ручья трава была (стала, казалась, стояла) зеленой.*

составное именное сказуемое	=	глагол-связка (выражает граммат. значение или граммат. значение и часть лексического)	+	именная часть – сущ., прилаг., кратк. страд. прич. и др. (выражает основное лексическое значение)

ТИРЕ В ПРОСТОМ ПРЕДЛОЖЕНИИ

Тире между подлежащим и сказуемым:

1) сущ. – сущ.
2) числ. – числ.
3) н. ф. гл. – н. ф. гл.
4) сущ. – числ.
5) сущ. ⇆ н. ф. гл.

Примечание. Тире ставится только при логическом ударении на подлежащем или сказуемом:

1) л. м. – сущ.
2) сущ. – не + сущ

ОДНОСОСТАВНЫЕ ПРЕДЛОЖЕНИЯ

Вид односоставного предложения	Выражение сказуемого	Примеры
Определенно-личное	Глагол в форме 1-го или 2-го лица	1. *Люблю тебя, моя Россия.* (С. Васильев). 2. *Светись, светись, далекая звезда.* (М. Лермонтов).
Неопределенно-личное	Глагол в форме 3-го лица мн. ч. наст. и буд. времени, глагол мн. ч. в прош. времени	1. *Дорожки каждое утро посыпают песком.* 2. *Лампы скоро зажгут.* 3. *Кричали где-то далеко.*
Безличное	Безличный глагол, личный глагол в безличной форме, неопределенная форма глагола и др.	1. *Морозит.* 2. *Пахнет лесом.* 3. *Мне холодно.* 4. *Стоять на одном месте нельзя.*
Назывное	Сказуемого нет	*Полярная ночь. Льды. Безмолвие.*

ЗАПЯТЫЕ МЕЖДУ ОДНОРОДНЫМИ ЧЛЕНАМИ

1.   **O,   O**
2.   **O**, *а* **O**   *а, но, да, (=но), однако, зато и др.*
3. *ни* **O**, *ни* **O**   *то – то, или – или, либо – либо, не то – не то и др.*
4. *как* **O**, *так и* **O**   *как, так и; не только, но и и др.*
5.   **O** *и* **O**   *и, или, либо, да, (=и)*

Примечания:
1. *Она хорошо танцевала, да и пела неплохо.*
2. *Разбудили меня ни свет ни заря.*

ЗНАКИ ПРЕПИНАНИЯ В ПРЕДЛОЖЕНИЯХ С ОБОБЩАЮЩИМИ СЛОВАМИ ПРИ ОДНОРОДНЫХ ЧЛЕНАХ

1.   **Ө : O, O, O**.
2.   **O, O, O – Ө**.
3.   **Ө : O, O, O – ...** .

РОЛЬ ОБРАЩЕНИЙ В РЕЧИ

1. Привлечение внимания собеседника к сообщению, выражение отношения говорящего к собеседнику.

а) *Товарищ Валько, мне э тело нужно с вами поговорить* (А. Фадеев).

240

б) *Люблю, друзья, я Ленинские горы* (Е. Долматовский).

в) *Вставайте, люди доброй воли!* (Л. Ошанин).

2. Отношение пишущего к адресату.

а) *Дорогой папочка! Не знаю, писала ли тебе мать, что я добровольно ушла в Красную Армию.*

б) *Дорогие мои! Я все время на передовой.*

в) *Мамулька, родная моя! Наконец-то я получила от тебя большое подробное письмо.*

(Из писем Гули Королевой).

3. Олицетворение.

а) *Лазурное море, безбрежное море, стою очарован над бездной твоей.*

(В. А. Жуковский).

б) *Колокольчики мои, цветики степные! Что глядите на меня, темно-голубые?* (А. К. Толстой).

в) *Полно, степь моя, спать беспробудно: зимы-матушки царство прошло.*

(И. С. Никитин).

Таблица 18

ВЫДЕЛЕНИЕ ЗАПЯТЫМИ ОБОСОБЛЕННЫХ СОГЛАСОВАННЫХ ОПРЕДЕЛЕНИЙ

ОБОСОБЛЕНИЕ ОБСТОЯТЕЛЬСТВ, ВЫРАЖЕННЫХ ДЕЕПРИЧАСТНЫМИ ОБОРОТАМИ (ТРУДНЫЕ СЛУЧАИ)

Примечания:

1. Не обособляются при одиночном употреблении слова *стоя, сидя, лежа, молча, нехотя, шутя, не глядя, играючи, крадучись.*

2. Не обособляются фразеологизмы, в состав которых входят деепричастия *(спустя рукава, сломя голову, несолоно хлебавши и др.).*

ПРЕДЛОЖЕНИЯ С ПРЯМОЙ И КОСВЕННОЙ РЕЧЬЮ

Предложения с прямой речью:	Предложения с косвенной речью:
1. Точно передают содержание и форму чужой речи.	1. Передают только содержание чужой речи, но не форму.
2. Включают слова автора и прямую речь, которая является самостоятельным предложением (или предложениями).	2. Включают слова автора (главное предложение) и косвенную речь, оформляемую как придаточное предложение.

3. Слова автора могут стоять перед прямой речью, после нее или разрывать прямую речь. 4. Знаки препинания ставятся по особым правилам: А: "П(?!)". "П, (?!)" – а. "П, – а, – п (?!)". "П, (?!) – а. – П (?!)".	3. Слова автора (главное предложение) всегда стоят перед косвенной речью (придаточным предложением). 4. Знаки препинания ставятся так же, как в сложноподчиненном предложении: [ ], (косв. речь).

ЗНАКИ ПРЕПИНАНИЯ В СЛОЖНОПОДЧИНЕННОМ ПРЕДЛОЖЕНИИ С НЕСКОЛЬКИМИ ПРИДАТОЧНЫМИ

1. *Он понимал, что такой огонь нельзя остановить, что это стихия.* (К. Паустовский).

[   ], *(что), (что)*.

2. *Анфиса куталась в платок, хотя вечер был теплый и на яблонях не шевелился ни один листок.*

(К. Паустовский).

[   ], *(хотя) и ( )*.

3. *Мне кажется, что, когда бушует море, в его реве звучит бодрящая музыка.*

[   ], *(что, (когда),)*.

4. *Мне кажется, что когда бушует море, то в его реве звучит бодрящая музыка.*

[   ], *(что (когда), то)*.

ПРИЛОЖЕНИЯ

ПОРЯДОК ФОНЕТИЧЕСКОГО РАЗБОРА

1. Указать, сколько в слове слогов и на какой из них падает ударение.

2. Дать характеристику гласных звуков (ударные или безударные) и назвать, какими буквами они обозначены.

3. Дать характеристику согласных звуков (звонкие, сонорные или глухие, твердые или мягкие) и назвать, какими буквами они обозначены.

4. Сказать, сколько в слове звуков и букв.

ПОРЯДОК РАЗБОРА СЛОВА ПО СОСТАВУ

1. Указать окончание и основу.

2. Выделить суффиксы и приставки (если они есть), а в сложных словах – и соединительные гласные.

3. Указать корень (или корни – в сложных словах).

ПОРЯДОК СЛОВООБРАЗОВАТЕЛЬНОГО РАЗБОРА

1. Найти слово (или его основу), от которого образовано данное слово (с учетом лексического значения).

2. Определить, с помощью какой приставки, суффикса и т. д. образовано данное слово.

3. Назвать способ словообразования.

244

ПОРЯДОК МОРФОЛОГИЧЕСКОГО РАЗБОРА

1. Самостоятельные части речи.

Сначала надо назвать часть речи и привести начальную форму слова (если оно изменяется – склоняется или спрягается). Затем указать:

у с у щ е с т в и т е л ь н ы х – собственное или нарицательное, одушевленное или неодушевленное, род, склонение; употреблено в форме... падежа,... числа;

у п р и л а г а т е л ь н ы х – разряд по значению (если прилагательное стоит в одной из форм степеней сравнения или в краткой форме, отметить это); употреблено в форме ... падежа (если эти формы имеются), ... числа, ... рода (в ед. ч.);

у ч и с л и т е л ь н ы х – простое или составное, количественное или порядковое (если собирательное или дробное, отметить это); употреблено в форме ... падежа, ... числа и ... рода (если они есть);

у м е с т о и м е н и й – разряд по значению, лицо (для личных); употреблено в форме ... падежа, ... числа и ... рода (если они есть);

у г л а г о л о в – вид, переходность, спряжение; употреблен в форме ... наклонения, ... числа, ... времени (в изъявит, накл.), ... лица и ... рода;

у п р и ч а с т и й – что это особая форма глагола, назвать форму им. п. ед. ч. м. р., действительное или страдательное (если оно стоит в краткой форме, отметить это), время, вид; употреблено в форме ... падежа,... числа, ... рода (в ед. ч.);

у д е е п р и ч а с т и й – что это особая форма глагола, вид;

245

у наречий – значение; отметить, если употреблено в одной из форм степеней сравнения.

у категории состояния – значение.

После этого указывается синтаксическая роль части речи.

2. Служебные части речи.

1) Назвать часть речи.

2) Отметить: а) у предлога – с каким падежом употреблен; б) у союза – сочинительный или подчинительный; в) у частицы – разряд по значению.

ПОРЯДОК СИНТАКСИЧЕСКОГО РАЗБОРА

1. Словосочетание.

1) Выделить словосочетание из предложения.

2) Рассказать о строении словосочетания: найти главное и зависимое слова и указать, какими частями речи они выражены; определить способ синтаксической связи.

3) Указать грамматическое значение словосочетания.

2. Простое предложение.

1) Назвать вид предложения по цели высказывания (повествовательное, вопросительное, побудительное); если предложение восклицательное, отметить это.

2) Найти грамматическую основу предложения и установить, что оно простое.

3) Рассказать о строении предложения:

а) двусоставное или односоставное; если односоставное – какого типа (определенно-личное, неопределенно-личное, безличное, назывное);

б) распространенное или нераспространенное;

в) полное или неполное (если неполное, указать, какой член предложения в нем опущен).

4) Отметить, если предложение осложнено однородными членами или обособленными членами предложения, обращением, вводными словами и др.

5) Разобрать предложение по членам и указать, чем они выражены (сначала разбираются подлежащее и сказуемое, далее – второстепенные члены, входящие в состав подлежащего, затем – в состав сказуемого).

6) Объяснить расстановку знаков препинания.

3. Сказуемое.

1) Указать, является ли сказуемое простым глагольным или составным (глагольным или именным).

2) Указать, чем выражено сказуемое:

а) простое – какой формой глагола;

б) составное глагольное – из чего состоит;

в) составное именное – какая употреблена связка, чем выражена именная часть.

4. Предложение с однородными членами.

В п. 5 разбора простого предложения указать, какие это однородные члены и как они связаны между собой (только при помощи интонации или при помощи интонации и союзов).

5. Предложение с обособленными членами.

В п. 5 разбора простого предложения указать, каким членом предложения является весь оборот; затем как члены предложения разобрать слова, входящие в него.

6. Предложение с прямой речью.

Указать, что это предложение с прямой речью. Назвать слова автора и прямую речь. Разобрать их. Объяснить расстановку знаков препинания.

7. Сложносочиненное предложение.

1) Как и при разборе простого предложения, назвать вид предложения по цели высказывания; если оно восклицательное, отметить это.

2) Найти грамматические основы каждого простого предложения, входящего в состав сложного; прочитать эти простые предложения.

3) Указать, какими именно сочинительными союзами (соединительными, противительными, разделительными) соединены простые предложения в сложные, и определить значение сложного предложения (перечисление, противопоставление, чередование событий).

4) Объяснить расстановку знаков препинания.

5) Разобрать как простое предложение каждое из предложений, входящих в состав сложного.

8. Сложноподчиненное предложение с одним придаточным.

1), 2) См. разбор сложносочиненного предложения.

3) Указать главное и придаточное предложения.

4) Заключить на основании вопроса и особенностей строения (к чему относится, чем прикрепляется придаточное предложение), какое именно это сложноподчиненное предложение).

5) Объяснить расстановку знаков препинания.

6) Главное и придаточное предложения разобрать как простые предложения.

9. Сложноподчиненное предложение с несколькими придаточными.

1), 2) См. разбор сложносочиненного предложения.

3) Указать главное и придаточные предложения.

4) Указать, какое это подчинение: последовательное, параллельное, однородное (или комбинация этих видов).

5), 6) См. разбор сложноподчиненного предложения с одним придаточным.

10. Бессоюзное сложное предложение.

1), 2) См. разбор сложносочиненного предложения.

3) Определить, из скольких простых предложений состоит, как эти предложения по смыслу относятся друг к другу (перечисление фактов, указание на причину и т. д.).

4), 5) См. разбор сложносочиненного предложения.

11. Сложное предложение с разными видами связи.

1), 2) См. разбор сложносочиненного предложения.

3) Установить, что это сложное предложение с разными видами связи (союзной сочинительной и подчинительной, союзной сочинительной и бессоюзной, бессоюзной и союзной подчинительной и др.).

4) Определить по смыслу, как сгруппированы простые предложения в сложном.

5), 6) См. разбор сложносочиненного предложения (пункты 4, 5).

ПИШИ ПРАВИЛЬНО

А

абажу́р
а́втор
агита́тор
агре́ссор
акваре́ль
аккомпанеме́нт
аккомпани́ровать
аккумуля́тор
аккура́тный
акти́вный
аннули́ровать
анса́мбль
апельси́н
аппара́т
аппети́т
аре́на
армату́ра
артилле́рия
ассисте́нт
ассоциа́ция
асфа́льт
атмосфе́ра
аттеста́т
аттракцио́н

аудито́рия
аукцио́н
афе́ра
афи́ша
афори́зм
аффе́кт
ахине́я
ацетиле́н
аэроста́т

Б

багря́ный
байда́рка
бале́т
балко́н
балла́да
балло́н
баллотиро́вка
баррика́да
баскетбо́л
бассе́йн
бахрома́
баци́лла
беллетри́стика

бере́чь
бесе́довать
бето́н
бино́кль
биогра́фия
бирюзо́вый
благоро́дный
богаты́рь
большинство́
бордо́вый
бок о́ бок
брезе́нт
бюллете́нь
бюдже́т
бюрократи́зм
бюст

В

ваго́н
ва́нна
вариа́нт
вверху́
вдвоём
везде́

великоле́пный
величина́
велого́нки
велосипе́д
ветера́н
ви́димо-неви́димо
владе́ние
вле́во
вмиг
в насме́шку
внизу́
возража́ть
возраже́ние
вокза́л
во́лей-нево́лей
воображе́ние
впереди́
впечатле́ние
впечатля́ющий
впосле́дствии
впра́во
всегда́
всё-таки
вско́ре
втроём

Г

газифика́ция
галере́я
гара́ж
гардеро́б
гарнизо́н
гениа́льный

герба́рий
герои́зм
геро́й
гига́нт
гига́нтский
гимна́стика
гирля́нда
гита́ра
гости́ная
гра́мотный
грандио́зный
грома́дный
гру́ппа
гума́нный

Д

давны́м-давно́
две́сти
дви́жимый
деба́ты
дебю́т
деви́з
девяно́сто
деклара́ция
деклари́ровать
декора́ция
демобилиза́ция
депута́т
де́ятельный
диало́г
дива́н
дипло́м
дире́ктор

дискуссия
диссерта́ция
диста́нция
дисципли́на
дифференциа́ция
до́блестный
до́блесть
докла́д
до сме́рти
достиже́ние
досто́инство
достопримеча́-
тельность
достопримеча́-
тельный

Ж

жела́нный
жёваный

З

загла́вие
за грани́цей
за грани́цу
заграни́чный
зато́ (=но)
зачасту́ю
здесь
зда́ние
здоро́вье
здра́вствуй
зелёный
зубча́тый
зы́бкий

И

идеа́л
идеологи́ческий
идеоло́гия
издалека́
из-за
изобрази́ть
из-под
иллюмина́ция
иллюстра́ция
иллюстри́рован-
ный
иммуните́т
ине́ртный
инициати́вный
интеллиге́нция
интенси́вный
информа́ция
информи́ровать
иррига́ция
исказа́ть
иску́сный
иску́сство
и́стинный

К

кабине́т
кавале́рия
как бу́дто
кали́тка
кана́л
кандида́т
кани́кулы

канона́да
карава́н
карнава́л
карни́з
ка́сса
ка́тер
кварти́ра
квита́нция
кероси́н
кессо́н
класс
кла́ссик
ко́ваный
колле́гия
коллекти́в
коллекти́вный
колле́кция
колло́квиум
коло́нна
коло́нка
ко́лос
коло́сс
колосса́льный
комбина́т
комбина́ция
комбинезо́н
коменда́нт
коми́ссия
комите́т
коммента́рий
коммента́тор
коммюнике́
компози́тор
компре́ссор

компроми́сс
конве́йер
конве́рт
конгре́сс
консервато́рия
конспе́кт
конститу́ция
конфере́нция
конфе́та
конце́рт
конце́ссия
копоши́ться
корреспонде́нт
космона́вт
костю́м
котле́та
криста́лл
кристалли́ческий
криста́льный
кроме́шный
кросс

Л

лаборато́рия
лазу́рь
ландша́фт
лауреа́т
леге́нда
легенда́рный
лейтена́нт
лило́вый

М

маля́р
мандари́н
маршру́т
ма́сса
матро́с
ме́дленный
меньшинство́
мета́лл
мечта́
мили́ция
миллиа́рд
миллио́н
мировоззре́ние
миропонима́ние
ми́ссия
ми́тинг
мобилиза́ция
моноло́г
монта́ж
мора́льный
му́жество

Н

на глазо́к
на дня́х
на́ дом
нале́во
на лету́
на ми́г
на па́мять
напра́во
на скаку́

на со́весть
на ходу́
на цы́почках
на цы́почки
неви́данный
недосяга́емый
нежда́нный
не ра́з (=мно́го
ра́з)
неслы́ханный
неча́янный
ника́к
никогда́
никчёмный
нима́ло
ни о ко́м
ни ра́зу
(=никогда́)
ни све́т ни заря́
ниско́лечко
ни́тяный
ничу́ть
нове́лла
нра́вственный
нумера́ция

О

обели́ск
обеспе́чение
образова́ние
обще́ственно
поле́зный
обще́ственно-
полити́ческий

обыкнове́нный
огро́мный
оди́ннадцать
ожере́лье
оккупа́ция
о́пера
оппози́ция
оппоне́нт
оптими́ст
ориенти́р
орна́мент
отовсю́ду
отрази́ть

П

паке́т
па́мятник
панора́ма
паралле́ль
парке́т
паро́м
пассажи́р
пасси́вный
патрио́т
патриоти́зм
патру́ль
педа́ль
пейза́ж
пери́ла
перро́н
пессими́зм
пе́тля
печа́ть
пиани́но

плака́т
плане́та
планоме́рно
повествова́тель-
ный
по́двиг
по́ двое
подзаголо́вок
по́длинный
подража́ть
под си́лу
полити́ческий
по па́мяти
популя́рный
поража́ть
порази́тельный
посети́ть
поскользну́ться
по со́вести
постаме́нт
постановле́ние
по́ трое
по́черк
почтальо́н
пра́вильный
пребыва́ть
преврати́ть
предвари́тельный
предме́т
президе́нт
прези́диум
презира́ть
прекрати́ть
прелю́дия
пре́ния

пренебрега́ть
преобразова́ние
преодоле́ть
преподава́тель
препя́тствие
пресле́дование
пресле́довать
пре́сса
претвори́ть
(мечту́ в жизнь)
прете́нзия
прибы́ть
приве́т
привиле́гия
привыка́ть
пригласи́ть
пригоди́ться
приго́товить
приду́мать
прийти́
приключе́ние
приле́жный
приме́р
примеря́ть
примиря́ть
приобрести́
приорите́т
приро́да
присмотре́ться
приспосо́бить
прису́тствовать
притвори́ть
(дверь)
причи́на
прия́тный

прогно́з
прогнози́рование
програ́мма
прогре́сс
прогресси́вный
проло́г
пропаганди́ст
пропе́ллер
прототи́п
профе́ссия
про́филь
проце́сс
пьедеста́л
пье́са

Р

радиофика́ция
раке́та
ра́порт
рассчита́ть
расчёт
расчётливый
рационализа́тор
реа́льный
револю́ция
регули́ровать
регуля́рно
режиссёр
резе́рвы
рези́на
резолю́ция
результа́т
реликвия

ремень
ремесло
ремонт
репетиция
репрессия
республика
рессора
реставрация
ресурсы
реферат
реформа
ровесник
румяный
рюкзак

С

салат
салон
сальто
салфетка
салют
сверстник
светофор
свидетельство
священный
сезон
секретарь
секунда
семафор
сжигать
сигнал
силуэт
символ

симфония
синий
систематически
ситуация
сиять
скатерть
слева
с налёта
снимать
специальность
соревнование
соревноваться
состязание
состязаться
спартакиада
справа
справедливый
сражаться
с разбегу
стадион
старательно
стеречь
стипендиат
стипендия
стремиться
сумма
суррогат

Т

талант
талантливый
таран
театр

тезисы
телевизор
телеграмма
телеграф
телефон
теннис
терраса
территория
террор
тонна
торжество
тормоз
торопиться
точь-в-точь
традиция
трамвай
транслировать
трансляция
транспарант
трасса
тревога
тренер
тренироваться
трибуна
триста
троллейбус
труппа
туннель

У

убеждения
удивлять
университет
утрамбовать

255

Ф

фанта́зия
фасо́ль
фестива́ль
фильмоте́ка
фиоле́товый
фотоаппара́т
хара́ктер

Х

хокке́й

Ц

целлуло́ид
целлюло́за
це́нтнер

Ч

челове́чный
чемпио́н

черни́ла
четы́реста
чехо́л

Ш

шасси́
шевели́ться
шине́ль
шокола́д
шоссе́
шофёр
ште́мпель
штукату́р

Э

экземпля́р
экскава́тор
экспериме́нт
эксперименти́ро-
вать

экспре́ссия
электрифика́ция
эпиде́мия
эпило́г
эска́дра
эскадри́лья
эскадро́н
эссе́нция
эффе́кт
эшело́н

Ю

юго-за́пад
ю́ный
юрисди́кция

Я

янва́рский
я́ростный
я́ство
я́хонт

ГОВОРИ ПРАВИЛЬНО

А

а́вгустовский
авто́бус
аге́нт
аго́ния
агре́ссия (р')
акаде́мия (д')
алфави́т
алфави́тный
аргуме́нт
аре́ст
аристокра́тия
астроно́м

Б

баллоти́ровать
балова́ть
балу́ю
беги́ (-те)
бензопрово́д
бережли́во
берёста, из
берёсты
библиоте́ка

брать, брал,
бра́ло
бра́ли, брала́
бре́згать
бри́джи
бро́ня
(закрепление)
броня́
(защитная обшивка)
буржуази́я
быть, была́, бы́ло,
не́ был,
не была́

В

вале́жник
ве́рба
ве́треный
(человек, день)
ветряна́я
(мельница)
взят, взята́
воро́та

во́ры
вы́здороветь,
-вею, -веешь

Г

газопрово́д
гекта́р
гравёр
груб, гру́бо,
гру́бы, груба́
грущу́ по вас

Д

две пары сапог
дви́жимый
двое ботинок
депо́ (д')
диа́гноз
диспансе́р
добела́
догово́р
докуме́нт
доска́, у доски́,

257

на до́ску
досу́г
до́суха
до́сыта
дремо́та

Ж

жить, жила́,
жи́ло,
жи́ли,
не́ жил,
не́ жило,
не́ жили
(не жи́л, не жи́ло,
не жи́ли – доп.;

З

зави́дно
заём
заку́порить
заржа́веть
звони́т,
звони́шь
зло́ба
зубча́тый

И

и́здавна

и́зжелта-
кра́сный
изобрете́ние
и́зредка
Ильи́нична (шн)
инду́стрия
инжене́р, -е́ры
инструме́нт
и́ссиня-чёрный

К

КБ(кабэ́)
катало́г
катастро́фа
каучу́к
кафе́ (фэ)
кварта́л
ке́та (рыба)
киломе́тр
клади́ (-те)
коклю́ш
комба́йнер
крапи́ва
краси́вее
кре́мень
кружева́,
кру́жев
кру́жево
ку́хонный

Л

ле́гче (х')
Луки́нична (шн)

лу́ковица
лущёный
льняно́й
льстить, льщу
лыжня́
ляг (-те)

М

магази́н
манёвренный
медикаме́нты
ме́льком
ме́льче
металлурги́я
моде́ль (дэ)
молодёжь
моноло́г
морко́вь
музе́й

Н

наме́рение
насмеха́ться
нача́вший
нача́ть, на́чал, -
-ла́, на́чали
нача́ться, -лся́,
-ла́сь
на́чатый
недои́мка
некроло́г

не́нависть
нефтепрово́д
новорождённый

О

обеспе́чение
облегчи́ть, -чи́т
обостри́ть
осве́домиться
отку́порить
отча́сти

П

парали́ч
парте́р
пейза́жем
пепели́ще
переведён,
переведена́
пионе́р (н')
пи́хта
плато́
планёр
повлёкший
повтори́ть, -ори́т
по́ двое
подня́вший
по́днятый
подо́лгу
поезжа́й (-те)

положи́ (-те)
положи́ть,
 -жи́л,
 - жила́,
 -жу́.
 -о́жишь
поня́вший
поня́ть, по́нял, -ла́
по́нятый
портфе́ль
поскользну́ться
по́ трое
похоро́ны
(на похорона́х)
пра́вый, права́,
пра́вы
предме́т
премирова́ть
пресс (р')
привезён,
привезена́
прину́дить
при́нят,
при́нято,
при́няты,
принята́,
приобрете́ние
простыня́
проце́нт
псевдони́м
пустя́чный (шн)
путепрово́д

Р

расположи́ть
рассерди́лся
револьве́р
ре́йка (р')
рейс (р')
рельс (р')
реле́ (рэ)
реме́нь
ржа́веть
руководи́ть,
-оди́т
ру́сло (реки́)

С

сантиме́тр
свёкла
сви́тер
свобо́днее
се́ни, сене́й
си́лос
скворе́чник (шн)
скуча́ет по вас
ску́чный (шн)
сла́ще
слу́чай
смерче́м
смо́лоду
спать,   спал,
 спа́ло,
 спа́ли,
 спала́

259

спокойнее
соболезнование
создать, создал
    (создал-доп.),
            создала
средства
средствами
статуя
столяр

Т

таможня
твёрже
текст (т')
тема (т')
теннис (тэ)
тире (рэ)
торт, торты
тоскуешь по нас

У

увядший
углубить, -бит
удобнее
у неё (не "у ней")
упростить
усугубить

Ф

фанера
фарфор
формировать
форум

Х

ханжество[1]
ханжество[2]
характерный
(танец,
поступок)
характерный
(человек)
хвоя
хлопок
ходатайствовать
хозяева

Ц

цемент
цыган

Ч

черпать
что (шт)
чтобы (шт)

Ш

шимпанзе (зэ)
шире
шоссе (сэ')
шофёр
шофёры
шпингалет
шприц,
шприцем
штемпель (тэ')
штрейкбрехер
штудировать,
        -дирую

Щ

щавель

Э

экспресс (р')

Я

языковое
(явление)
языковая
(колбаса)
яичница (шн')

1. Д. Н. Ушаков, С. Е. Крючков. Орфографический словарь для школы, М., 1996, с. 191.
2. С. И. Ожегов. Орфографический словарь русского языка в 2 т. М., 1995, т. 2, с. 501.

ПРОВЕРЬ СЕБЯ

Диктант №1

Самый сильный человек в мире

Валентин Дикуль обладает феноменальной силой: его композиция как циркового артиста содержит элементы высшей сложности, которые до него никто никогда не выполнял. Его жизнь весьма поучительна.

Он в школе занимался разными видами спорта: штангой, борьбой, гимнастикой, акробатикой. Однажды сорвался с трапеции: диагноз – перелом позвоночника; нижняя часть туловища и ноги были полностью парализованы. Долгие месяцы в больнице ничего не дали.

Но он не сдался. Физические упражнения слабо помогли. Тогда он, по совету врача, к упражнениям добавил электростимуляцию мышц, усиленно занимался гирями, резиновыми амортизаторами, гантелями, штангой. Постепенно наливался силой. Сделал первый шаг – снова увеличил нагрузки. Через пять лет после травмы на фестивале самодеятельных и народных цирков получил диплом первой степени за акробатику. А еще через два года вышел на манеж как силовой жонглер.

Усиленные тренировки он продолжает и сейчас. Чтобы вечером делать все легко, утром в течение четырех часов он должен в общей сложности поднять семьдесят шесть тонн.

Как-то его спросили, приходилось ли ему использовать свою силу в критических житейских ситуациях. Он ответил: "Драться мне, даже в целях самообороны, нельзя: вдруг не рассчитаю удар?" И вспомнил случай: по дороге на симпозиум силачей в Праге получился прокол колеса, домкрата не было, пришлось ему поднять "Татру" сзади (где расположен двигатель) и подержать, пока не поставили запасное колесо. Кстати, на манеже свой трюк он собирается демонстрировать уже не с "Москвичом", а с "Волгой"; общий вес ее с платформой – около двух тонн. (215 слов).

(Из газеты).

261

Диктант №2

К людям за помощью

Под вечер, возвращаясь из лесу, на поле, где была убрана рожь, я повстречал знакомого охотника. Мы присели на охапке соломы и разговорились. Вдруг до моего слуха донеслось негромкое позвякивание. Взглянув вправо, я увидел метрах в тридцати движущийся в нашем направлении серый комок, на котором что-то поблескивало, отражая лучи заходящего солнца.

– Да это же еж, – проговорил я, – но что на нем блестит?
Зверек остановился и начал озираться, как бы отыскивая нас. Как только мы заговорили, еж опять пополз в нашем направлении, очевидно ориентируясь на звук голосов.

Теперь уже можно было рассмотреть и блестящий предмет. На голове у ежа была жестяная консервная банка. Она-то и позвякивала и блестела на солнце.

Зверек приблизился к нам на расстояние пяти-шести метров и остановился, приподняв голову, облаченную в металлическую "каску".

– Бедняжка попал в беду, – сокрушенно заметил мой знакомый.

Еж, по всей вероятности, пытался полакомиться остатками консервов, засунул голову в полуоткрытую банку, но самостоятельно освободиться от нее не смог. И вот теперь он пришел за помощью к людям.

Мы взяли ежа на руки, осторожно сняли с его головы банку и опустили его на землю. Зверек отряхнулся, расправляя колючки, добродушно фыркнул, как бы поблагодарив за оказанную ему помощь, и скрылся в росшем неподалеку кустарнике.

А мне вспомнились многочисленные рассказы о раненых лосях, зайцах, животных, перепуганных собачьей погоней. Попав в беду, они часто доверчиво идут за помощью к человеку. Наш долг – эту помощь им оказать. (231 слово).

(В. Борискин).

Диктант №3

Я изъездил почти всю страну, видел много мест, удивительных и сжимающих сердце, но ни одно из них не обладало такой внезапной лирической силой, как Михайловское. Там было пустынно и тихо. В вышине шли облака. Под ними, по зеленым холмам, по озерам, по дорожкам столетнего парка, проходили тени.

Михайловский парк – приют отшельника. Это парк, где трудно веселиться. Он создан для одиночества и размышления. Он немного угрюм со своими вековыми елями, высок, молчалив и незаметно переходит в такие же величественные, как и он сам, столетние пустынные леса. Только на окраинах парка сквозь сумрак, всегда присутствующий под сводами старых деревьев, вдруг откроется поляна, заросшая блестящими лютиками, и пруд с тихой водой.

Главная прелесть Михайловского парка в обрыве над Соротью и в домике няни Арины Родионовны... Домик так мил и трогателен, что даже страшно подняться на его ветхое крыльцо. А с обрыва над Соротью видны два синих озера, лесистый холм и наше вековечное скромное небо с уснувшими на нем облаками.
(157 слов.)

(К. Паустовский).

УСЛОВНЫЕ ОБОЗНАЧЕНИЯ, ПРИНЯТЫЕ В УЧЕБНИКАХ

Части слова:

└──────┘ – основа
¬ – приставка
⌢ – корень
∧ – суффикс
▭ – окончание

Словосочетания:

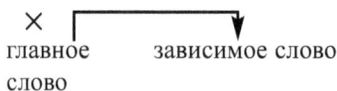

× ──────▶
главное   зависимое слово
слово

Члены предложения:

────────────── подлежащее
══════════════ сказуемое
∿∿∿∿∿∿∿∿∿∿ определение
- - - - - - - - - - дополнение
–·–·–·–·–·–·– обстоятельство

Простые предложения:

1. [ ]. 2.[ ]? 3. [ ]! 4. [ ]...

Предложения с прямой речью:

П, п – прямая речь
А, а – слова автора

Однородные члены предложения:

О   однородный член

Ө   обобщающее слово при однородных членах

Сложные предложения:

[ ]   – главное предложение

( )   – придаточное предложение

(пчел[1])   – сделать фонетический разбор слова

(пчелиный[2]) – указать состав слова и сделать словообразовательный разбор

(научных[3])   – сделать морфологический разбор слова

(Мы с интересом смотрели киножурнал.[4])

               – сделать синтаксический разбор.

УСЛОВНЫЕ СОКРАЩЕНИЯ

А. Б. – А. Блок.

А. Г. – А. Гайдар.

Акс. – С. Т. Аксаков.

А.Н.Т. – А. Н.Толстой.

Арс. – В. К. Арсеньев.

Без. – А. Безыменский.

Бр. – В. Я. Брюсов.

Бун. – И. А. Бунин.

Г. – Н. В. Гоголь.

Газ. – Газета

Гиляр. – В. Гиляровский.

Гонч. – И. А. Гончаров.

Горб. – Б. Горбатов.

Гр. – А. С. Грибоедов.

Д. З. – Д. Зуев.

Дост. – Ф. М. Достоевский.

Ес. – С. Есенин.

Каз. – Ю. Казаков.

Кольц. – А. В. Кольцов.

Кор. – В. Г. Короленко.

Кр. – И. А. Крылов.

Купр. – А. И. Куприн.

Л. – М. Ю. Лермонтов.

Л.-К. – В. Лебедев-Кумач.

Л. Т. – Л. Н. Толстой.

Майк. – А. Г. Майков.

Маяк. – В. Маяковский.

М. Г. – М. Горький.

М.-П. – П. И. Мельников-Печерский.

М.-С. – Д. Н. Мамин-Сибиряк.

Н. – Н. А. Некрасов.

Н. Ник. – Н. Никитин.

Н. О. – Н. Островский.

Н.-Пр. – А. С. Новиков-Прибой.

Ог. – Н. П. Огарев.

Ош. – Л. Ошанин.

П. – А. С. Пушкин.

Павл. – П. Павленко.

П. А. – П. Антокольский.

Пан. – В. Панова.

Пауст. – К. Паустовский.

Пол. – Б. Полевой.

Посл. – Пословица.

Пришв. – М. Пришвин

Прж. – Н. М. Пржевальский.

С. Ант. – С. Антонов.

Сераф. – А. Серафимович.

Сим. – К. Симонов.

С.-М. – И. Соколов-Микитов.

Сол. – В. Солоухин.

Станюк. – К. М. Станюкович.

Т. – И. С. Тургенев.

Твард. – А. Твардовский.

Тютч. – Ф. И. Тютчев.

Фад. – А. Фадеев.

Фед. – К. Федин.

Фурм. – Д. Фурманов.

Ч. – А. П. Чехов.

Чук. – К. И. Чуковский.

Шол. – М. Шолохов.

+DA ТОП
ПОЭЗИЯ
ОФИЦИАЛЬНЫЙ СПОНСОР

ОФИЦИАЛЬНЫЙ СПОНСОР СЕРИИ:
ЛЮМИНИРЫ РОССИЯ

ЛЮМИНИРЫ

Без боли и уколов

Без сверления
чувствительной зубной
ткани*

Быстро - понадобится
лишь 2 визита
к стоматологу

LUMINEERS®

прекрасна улыбка. прекрасны вы
www.russian-lumineers.ru

* - Может понадобиться косметическое контурирование. Каждый случай рассматривается индивидуально.
©2009 Den-Mat® Holdings, LLC. World Rights Reserved. 818319299 0209CD

+DA

В планах издательства +Да Паблишерс — выпуск тематических альманахов +DA ТОП.

Подробнее с содержанием и датами выпуска отдельных номеров можно ознакомиться на сайте издательства — **www.plusDA.com**

Ниже — обложка первого выпуска, посвященного поэзии.

+DA * ТОП20 * ЛУЧШИЕ ПОЭТЫ РОССИИ И МИРА * 7-9 2010

+DA ТОП * 7-9 2010

+DA TOP

LUMINEER

прекрасна улыбка. прекрасны
www.russian-lumineers.r
ициальный спонсо

+DA Top * 7-9 2010 * plusDA Publishers * www.plusDA.com

П О Э З И Я

ТОП20
лучшие поэты
РОССИИ
И МИРА
7-9 2010

РАСУЛЬ ЯГУДИН * ЮРИЙ КАПУСТИН *
ЕВГЕНИЙ ЧЕКАНОВ * ТАТЬЯНА КАЛАШНИКОВ
МАРИНА ВОРОНОВА * ВАЛЕНТИНА ГУСЕВА *
ЭВЕЛИНА РАКИТСКАЯ * СВЕТЛАНА СУСЛОВА *
ВЛАДИМИР ТОКМАКОВ * МАРИНА САВВИНЫХ *
ЛЕОНИД СКЛЯДНЕВ * ИРИНА АРГУТИНА *
МИХАИЛ ЮПП * ВАЛЕРИЯ СТУПЕНКОВА *
АЛЕКСАНДР НИКИТЕНКО * ВИКТОР ФЕТ *
АЛЕКСЕЙ БОКАРЕВ * АЛЕКСАНДР ФАЙНБЕРГ *
МАРИАННА ГОЛОДОВА *
АЛИК ВЕРНЫЙ

+DA

plusDA PUBLISHRERS - ПЛАНЫ ИЗДАТЕЛЬСТВА   >>>   www.plusDA.com

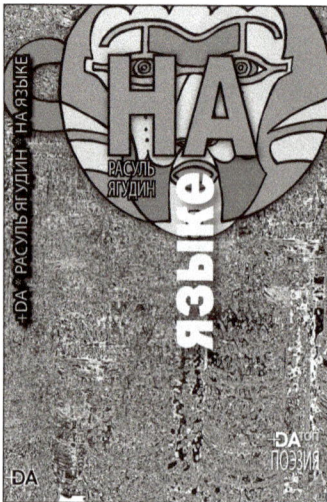

На языке
Расуль Ягудин
Сборник стихов

Расуль Ягудин — известный возмутитель спокойствия, один из самых скандально известных журналистов Башкортостана, главный редактор журнала "Литературный Башкортостан" и автор многих книг прозы и стихов, статей в журналах и журналистских расследований.

Мазки масла на поэтическом полотне, настоящие чувства и живые образы, прописанные Расулем, уводят нас в трехмерное пространство слов. Строки его наполнены самыми необычными сочетаниями парадоксов, лирикой и грубой силой природы, завораживая читателя и заводя его в закоулки мистики, покрытые свежими простынями реальной жизни.

Живописный язык автора рисует картины нетронутой природы и свежих, непочатых душ: " Сугробы свалены, как горы…", " Рассветы бугрятся чёрным…" Расуль чист и груб, нежен и непредсказуем. Мощная энергия его слова рождает музыкальные картины магической реальности…

В планах издательства +Да Паблишерс — выпуск поэтических сборников в серии **+DA ТОП ПОЭЗИЯ**.
Подробнее с содержанием и датами выпуска отдельных сборников можно ознакомиться на сайте издательства — **www.plusDA.com**

Ниже — обложки сборников:
НА ЯЗЫКЕ (Расуль Ягудин) и **НЕЖНЫЙ ДЕМОН (Марианна Голодова)**

Нежный Демон
Марианна Голодова
Сборник стихов

Чувства, переживаемые автором, близки и понятны сердцу каждого, кто знает любовь, счастье, боль и горечь утрат. Любовь — одна из главных тем стихов Марианны Голодовой — это не только любовь к одному единственному, это и любовь к родной земле, её природе, к людям. Марианна ведёт читателя по ступеням своей души, раскрываясь в полной мере: «Мой Демон нежный…», «Мне для жизни только б лето…». Она будоражит воображение живыми, сочными образами природы. Тонким, ажурным кружевом ложится её рифма, оставаясь в памяти вместе со звуками травы, деревьев и птиц…

Оргия воображения, чувственный поток в стихах Марианны Голодовой, не могут оставить равнодушным. Ее стихи окутаны серебристым цветом романтической печали. Логика соседствует с неприятием многих вещей: ход времени, тленность любви. Марианна лишь в начале своего творческого пути — это ее первый сборник, но мы считаем, что у нее большое будущее.

99 ПРАВИЛ ЭТОГО САМОГО ОТ ДОКТОРА АЛИКА
Доктор Алик

Сборник правил этого самого (известно чего) от Доктора Алика, скандально известного ведущего сексуально озабоченных радио-шоу. Своего рода сборник этикета для мужчин и женщин, или «Что вам не говорила мама, вплоть до выпускного вечера. Да и после тоже».

Доктор Алик возник на просторах Вселенной в 2008 году. Его неоднозначные радио-шоу повергали в смятение хозяев радиостанций, но хорошая спонсорская поддержка делала свое дело, и Доктор шумно шагал по радиоволнам США, России и Украины. Нагрянул кризис, спонсоры свернули финансирование, и станции радостно избавились от этого возмутителя спокойствия.

Оказавшись не удел, Доктор решил использовать передышку с пользой и записать на бумагу все, о чем он вещал в своих передачах. Так родилось несколько тематических книг, первую из которых мы планируем опубликовать в декабре 2010 г. Ее обложка перед вами, и она говорит сама за себя. Это свод юморных и, часто, шокирующих правил сексуального поведения — как для мужчин, так и для женщин. Вот лишь несколько из них (их, конечно же, намного больше, чем 99):

30. Настоящий мужчина, идя по улице с дамой, никогда не рассматривает проходящих мимо девушек, даже если у них классные эти самые. Некоторые могут сказать: жена — не дама, при ней можно. Неправильно — при ней нельзя, без нее можно. При друзьях тоже можно, но вот при друзьях и при ней — нельзя в квадрате.

33. Настоящий мужчина всегда добьется того, чтобы женщина это самое, пришла к финишу. Даже если она этого не хочет.

35. Если настоящего мужчину пилит жена, он не будет злиться или бросаться вещами, а спокойно скажет: «Женщины часто делают большую ошибку, пиля палку, на которой часто сидят! Подумай об этом». Я много раз проверял — женщин эта фраза вгоняет в ступор, и они замолкают.

В планах издательства +Да Паблишерс — выпуск (прикольного) справочника
99 ПРАВИЛ ЭТОГО САМОГО ОТ ДОКТОРА АЛИКА.
Подробнее с содержанием и датами выпуска можно ознакомиться на сайте
издательства — **www.plusDA.com**
Ниже — обложка шутливого справочника.

ОНО
Алик Верный

Эта книга вначале была издана автором на печатной машинке, под копирку, в 4-х экземплярах. Ее читали друзья, многие стихи стали песнями киевской группы «Квартира 50». Постепенно копии поистрепались, и последняя из них затерялась в архивах поэта. Я нашла парочку из этих стихов на интернете и была заколдована ритмикой и дыханием рифм.

«Немножко для ожирения мозгов», «Средство от», «Теперь о теле» — зацепило название? Значит читатель на верном пути к пониманию автора. С первых строк задаётся равномерный, безупречный ритм, снимающий напряжение. Воображение рисует живые эмоциональные образы, временами абстрактные («Бумага № 1»), а порой близкие и понятные каждому («Лес», «Птички»). Звучит светло, выпукло… с горько-сладким привкусом. Одна из черт — глубокая искренность и непредсказуемые стилистические приёмы. Тонкая ирония и особый авторский взгляд на суть вещей. Удивительное сочетание глубокого философского самоанализа с детской непосредственностью. Алик Верный успешно раскрывается, как многогранная поэтическая личность: суровая и хрупкая одновременно, что заставляет неоднократно возвращаться и перечитывать его произведения.

Марианна Голодова

В планах издательства +Да Паблишерс — выпуск поэтических сборников в серии **+DA ТОП ПОЭЗИЯ**.
Подробнее с содержанием и датами выпуска отдельных сборников можно ознакомиться на сайте издательства — **www.plusDA.com**

Ниже — обложка сборника:
ОНО (Алик Верный)

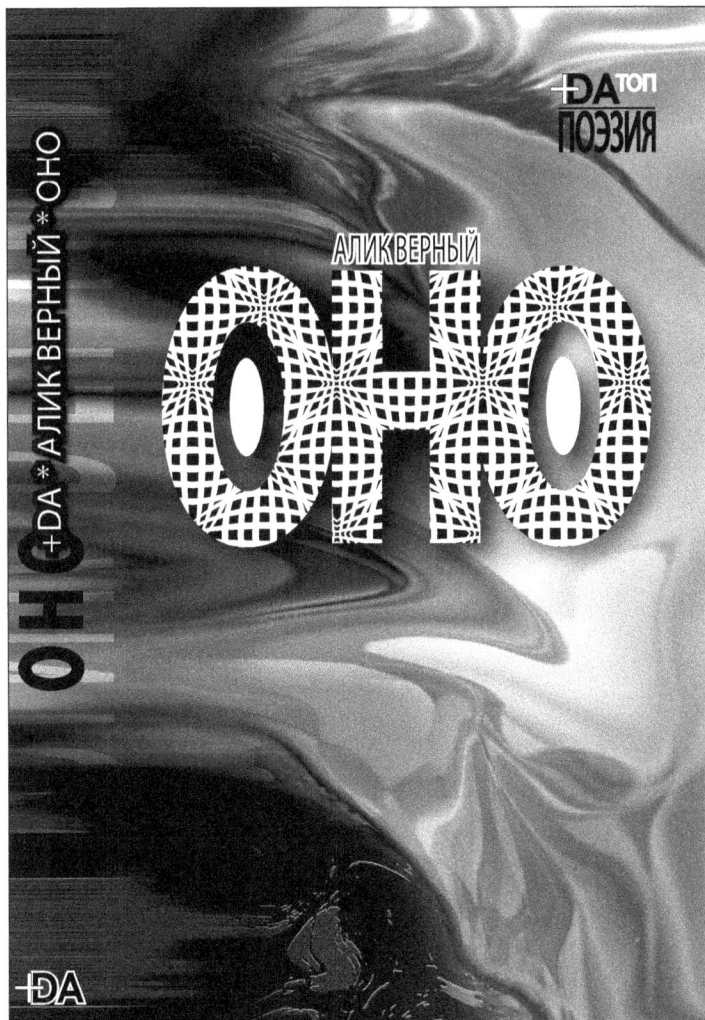

Предлагаемое пособие имеет характер лингвистического справочника и содержит в себе всю информацию по грамматике, орфографии и пунктуации русского языка в пределах школьной программы. Справочник предназначен для широкого круга читателей.

Составитель –
кандидат филологических наук,
учитель русского языка и литературы
ЯГУДИН Р. М.

Рецензент –
доктор педагогических наук,
профессор, зав. кафедрой русского языка
и методики его преподавания
Башкирского государственного университета
САЯХОВА Л. Г.

ISBN-10 0-98284-049-7
ISBN-13 978-0-98-284049-8

Издатель: plusDA Publishers, New York
Арт-директор, обложка и титул — А. Верный
Компьютерный набор и верстка — Юлдаш Алтямов

Address: plusDA Publishers, PO Box 1183, LIC, NY 11101, USA

ОБ АВТОРЕ

Расуль ЯГУДИН (Уфа)

Педагог, филолог, журналист, публицист, поэт, прозаик. Автор нескольких книг, многочисленных публикаций в печатных и сетевых изданиях России, ближнего и дальнего зарубежья.

Член Союза журналистов Башкортостана (Уфа), член Союза журналистов России (Москва). Член Международной федерации журналистов (Брюссель). Член Объединения русских писателей Башкортостана. Член Союза российских писателей. Член Международной федерации русскоязычных писателей (Будапешт). Член Международного союза литераторов и журналистов (Лондон).

Председатель Творческой группы «Фантастика Башкортостана». Создатель и главный редактор художественно-публицистического журнала «Литературный Башкортостан».

Кандидат филологических наук, учитель русского языка и литературы.

www.ingramcontent.com/pod-product-compliance
Lightning Source LLC
Chambersburg PA
CBHW051943090426
42741CB00008B/1252